Lendo e Aprendendo

EDGARD ARMOND

Lendo e Aprendendo
(NA SEMEADURA III)

189 temas doutrinários comentados sem preocupações sectárias

Editora Aliança

1ª Edição, ago/2001, do 1º ao 5º milheiro

Título

LENDO E APRENDENDO
(Na Semeadura III)
Copyright 2001

Autor

Edgard Armond

Revisão

Maria Aparecida Amaral

Editoração

MMS

Capa

Elifas Alves

Impressão

Yangraf Gráfica e Editora Ltda.

Ficha Catalográfica

Armond, Edgard, 1894-1982
A763s Lendo e Aprendendo / Edgard Armond
1ª edição - São Paulo: Editora Aliança - 2000
160 págs.

1. Espiritismo 2. Espiritismo I. Título

CDD - 133.9

EDITORA ALIANÇA

Rua Francisca Miquelina, 259 - Bela Vista - São Paulo - SP
CEP 01316-000 - Fone: (0xx11) 3105.5894 - Fax: (0xx11) 3107.9704
www.alianca.org.br e-mail: alianca@alianca.org.br

Índice

PREÂMBULO

Imensa é, na Terra e no Céu, a seara do Divino Mestre; imensa e variada, de muitos aspectos construtivos e atraentes e de oportunidades felizes que concorrem a formar, com o tempo, o esboço angélico da alma humana, nas bases fixadas no seu Evangelho redentor.

Aqui incluímos alguns desses diferentes aspectos, que comentamos de forma simples, clara e sintética, inclusive pensamentos de autoria de valiosos cooperadores, que traduzem em inspirados conceitos, as belas e preciosas virtudes que são ornamento das almas já tocadas pelas luzes redentoras do Cristo.

O conhecimento não tem fronteiras a não ser as da própria inteligência e os assuntos aqui tratados são de alto interesse para aqueles que amam a Doutrina dos Espíritos e incansavelmente acumulam sabedoria, visando ampliar os horizontes de suas mentes, sem preocupações de ordem sectária ou preconceitual.

Consideramos também que os Instrutores espirituais são fonte perene de ensinamentos, que não devem ser esquecidos mas, bem ao contrário, sempre lembrados, para que em nossas mentes e nossos corações sejam absorvidos e transformados em virtudes e sabedoria.

O esforço mental que despendem, com amor e fraternal boa vontade, é dádiva valiosa que recebemos e muito concorre para nosso progresso espiritual.

Que o teu amor, Divino Amigo, esteja entre eles e nós, como um elo de eterna e fecunda comunhão.

São Paulo, 1982.

O Autor

1
EVOLUÇÃO PELA DOR

A evolução dos seres vivos nos mundos baixos só se efetiva pela dor, pelos sofrimentos físicos e morais, agentes evolutivos dos quais a Cruz do Cristo é um símbolo.

Esse imperativo de sofrimento é próprio desses mundos atrasados dentre os quais a Terra se coloca e a dor, essa companheira permanente e dolorosa, deve ser compreendida e aceita para que melhor aproveitemos o tempo que a sofremos.

Que essa compreensão nos interpenetre, nos sature a mente para que assim, ligados em pensamento ao Cristo, possamos vivê-lo em espírito e verdade, isto é, no entendimento do que ensinou e na realidade do que a vida é.

Eis o que diz um Instrutor respeitável:

"Na comunhão do eterno amor, possamos todos testemunhar vivendo, sofrendo, compreendendo, trabalhando e, em seu nome, curando e abençoando."

2
PODER DO VERBO

O maior poder de manifestação exterior do homem é o Verbo, a Palavra, pela força da qual o mundo foi criado:

Faça-se a luz e a luz se fez!...

"Com a palavra, usando o nome de Deus, com base em uma fé sólida, podemos modificar as coisas, criá-las, destruí-las, arcando, é claro, com as conseqüências dos nossos atos."

É preciso, pois, ser pródigo em palavras, meditar previamente e agir sempre com boa vontade, amando e servindo, para termos certeza que estamos agindo pelo Bem.

3
AUTOCONSTRUÇÃO

"Todos os seres possuem em si mesmos a porção de energia de que carecem para, no curso do tempo, operar sua estruturação psíquica, através da evolução, corporificar a essência sonora da palavra divina que desencadeou sua criação", e construir testemunhando a Divindade.

4
O BEM E O MAL

A criação de Deus é feita para o Bem, conquanto exista também, por toda parte, nos mundos baixos, o contraste do Mal; e devemos respeitar essa existência contrastante, mesmo quando não a compreendamos, pela nossa pouca evolução; e isso nos leva muitas vezes, a transmitir inverdades, supondo serem coisas perfeitas e justas.

Esta é, aliás, a inibição do homem ante a Verdade, ante o mundo e ante si mesmo.

5
TENDÊNCIA PARA A UNIDADE

Diz o Instrutor:

"No mundo, conquanto não pareça, tudo está tendendo para a unidade; os problemas já não são, nem têm soluções nacionais; os internacionais o são em escala mundial e estes, a seu turno, são invadidos pelos interplanetários.

É a cristificação pela força, não por força imposta pelo céu, mas pelas necessidades humanas, vil sucedânea da que deverá ter sido pelo amor."

Cabe então perguntar: Nesta lamentável situação de precariedade evolutiva ante o alvo almejado e da indiferença generalizada; e havendo no mundo tantas religiões, doutrinas, seitas e filosofias, cabe a estas ou aos próprios homens a responsabilidade desse retardamento?

Ou cabe à ciência materialista que, praticamente, entronizou o ateísmo e difunde livremente a incredulidade?

E se os governos também fracassam, por serem simplesmente humanos, o que serviria de base ou ponto de partida para qualquer tentativa de salvação, de unidade pelo amor? Um governo unitário mundial que seria o mesmo que remendar roupa velha? Ou a conclusão final, desalentadora, de que não há no momento remédio para mais nada?

Mas, se o mundo material falha, o mesmo não sucede com o mundo espiritual, onde vigoram as leis divinas e que, em breve tempo, iniciará sua interferência direta para selecionar na Terra os seres que podem ser aproveitados na formação de um mundo novo, regenerado, evangelizado.

6
AGENTES DAS REALIZAÇÕES

No campo da vida espiritual, os que realizam obras duradouras não são os acomodados, mas os dinâmicos, os idealistas e os místicos, os que possuem mais fé, devotamento, desinteresse e capacidade de sacrifício em benefício do próximo — o que não é, todavia, linguagem entendível pela mentalidade materialista, pelos fracos e pelos aproveitadores.

7
TEMPLO DO CORAÇÃO

"Do teu coração farei um templo. Orna esse templo para que nele faça minha morada, diz o Senhor."

"Para nós, que habitamos este mundo retardado, o céu estará em nosso coração, ou não estará em lugar algum."

O mesmo que dizer que não virá de fora.

Edificaremos, pois, o céu em nosso coração para que nos esqueçamos de nós mesmos, porque essa edificação só poderá ser feita com sofrimentos e dores, no esforço de autopurificação e de conquista de virtudes; e também com os sofrimentos alheios, ajudando a minorá-los, aliviá-los, consolando os que sofrem e dando-lhes esperanças de vida melhor e mais feliz com Jesus.

Para auxiliar esse esforço é que foram criadas as Escolas de Aprendizes do Evangelho e a Fraternidade dos Discípulos de Jesus, há mais de trinta anos.

8
ENTRADA NO REINO

No reino de Deus não entram aqueles que têm dívidas a pagar na Terra: só com os agravos perdoados, os desejos esquecidos, "todo o poder mundano perdido"; quando se é despido de grandezas, maltratado, fraco, desiludido do mundo, cheios os corações de fé, de amor e de renúncias...

Quantos o poderão?

9
CULTO À MARIA

Entre os espíritas alguns há que se recusam a dirigir à Maria de Nazaré, mãe terrena de Jesus, evocações e preces, havendo também outros que se opõem a um suposto culto particular a essa excelsa entidade espiritual, ao qual denominaram Mariolatria.

Mas, se atribuem a Jesus a altíssima condição de entidade divinizada, não consideram porventura que para ser mãe desse Espírito Redentor da humanidade, apontado por João Evangelista como O Filho de Deus, o Verbo através do qual realizou-se a criação da Terra, Espírito, portanto, de jurisdição universal, fácil não seria compreender que a Espírito desse porte, somente outro, de hierarquia aproximada e afim, poderia servir de genitora?

Também esquecem que essa qualidade singular lhe é reconhecida por religiões milenares e, principalmente, que esse Espírito já está, de há muitos séculos, divinizado pelo culto espontâneo e fervoroso de milhões de corações que sofrem, crêem e esperam?...

E convém lembrar que Espíritos divinizados não encarnam como seres humanos comuns, saturados de vícios, taras, mazelas e crua animalidade; e nem poderiam suportar tamanho contraste fluídico vibratório e moral.

Assim argumentando, cremos que a evocação e as preces dirigidas à Mãe do Divino Mestre devem ter entre os espíritas primazias e não reservas pessoais ou sectárias, sobretudo porque o Espiritismo não é uma seita particular, mas uma doutrina de sentido universal, como o primitivo cristianismo.

10
A FORÇA DA LEI

"Quem é sujo, suje-se ainda..."

Aquele que faz o bem, continue a fazê-lo, sem esmorecimento, pois que semeia sementes preciosas, que trarão felicidade a muitos. E aquele que faz o mal, faça-o ainda, porque "a crise da febre aproxima o recurso da cura" e a persistência no mal leva à crise do sofrimento, que redunda em experiência, remorso e mudança de rumos.

Cada um vive dentro da sua lei cármica e "grande é a bondade de Deus que dá a todos os seus filhos oportunidades de errar, emendar-se e evoluir".

11
AJUSTE COM CREDORES

É condição essencial para qualquer avançamento espiritual, iniciar-se logo a doação de amor aos semelhantes, começando com as coisas mais simples, tratando a todos com atenção, bondade e respeito.

Ao mesmo tempo eliminar dúvidas, ressentimentos, revides, malquerenças, procurando entendimento, oferecendo ajuda. Se não nos harmonizarmos com os desafetos, enquanto aqui estamos, juntos uns dos outros, muito mais difícil será fazê-lo depois, após a morte quando, muitas vezes, eles nos aguardam para cobrança de malefícios que lhes tenhamos feito, ou também por não sabermos quando teremos novas oportunidades de reencontro e conciliação.

12
A VOLTA DE JESUS

É assunto de controvérsia a volta de Jesus a este mundo, do qual se afastou em condições tão trágicas.

"Mas, se vier, quando se der a conhecer, talvez seja tarde demais, porque o mundo caminha aceleradamente para abismos de trevas, de incredulidade e corrupção."

P.: Mas, pergunta-se, por que Jesus tarda tanto?

R.: Há tempo certo para que tudo aconteça e também é certo que Ele tem estado sempre presente através de seus mensageiros e dos ensinamentos, configurados no Evangelho.

Mas se voltasse, quando sua luz novamente brilhasse nestas sombras, teríamos nós condições de encará-lo e nos beneficiar dessa maravilhosa aproximação?

P.: Mas voltará?

R.: Ele é o único a saber.

A presença de Jesus na Terra ao início da nossa época, valeu como um estímulo forte, um chamamento heróico à luta do homem contra suas próprias misérias morais e imperfeições espirituais; um impulso considerável, inesquecível, no sentido do Amor e do Bem.

Mas, se voltar agora, contrariando opiniões de muitos, será para fazer a colheita da sua seara, acertar contas e fazer justiça, porque Ele será o julgador.

Se não, por que viria?

13
PROTEÇÃO ESPIRITUAL

Na vida nunca estamos sós e nossas necessidades e desejos são sempre atendidos pelo Plano Espiritual, segundo as conveniências evolutivas de cada um, e as dívidas cármicas, sempre prioritárias, que tivermos e que devem ser pagas.

Quando agimos fazendo o Bem, nossas necessidades são atendidas mais prontamente, porque a condição de receber é dar, pela mesma razão que, para colher, é preciso plantar.

A hora marcada ou desejada para a ação, espontânea ou compulsória, contará sempre com a presença de benfeitores espirituais, se estivermos em condições de merecê-la e prontos para agir no sentido indicado; mas se fugirmos à ação, abriremos mão de uma cobertura que não sabemos se tornaremos a ter.

A comunhão com o Plano Espiritual, a mais assídua possível, pela prece ou outro meio psíquico, é sempre necessária para o cumprimento das tarefas ou das provas que devamos enfrentar.

14
ESPÍRITOS PLANETÁRIOS

Segundo autores credenciados "acima do Cristo nada na Terra existe; Ele é o Espírito vivo, consciente, total da humanidade".

Isto pode ser compreendido em relação à Terra e outros orbes, cada qual com seu Espírito Dirigente (os maiores entre todos), não havendo existência de autoridades conflitantes.

Nem se poderia conceber a existência de globos inumeráveis, em cada galáxia dos vários universos, sem autoridades espirituais presentes, de altíssima condição, responsáveis pelo exato cumprimento das leis de Deus, soberanas e eternas.

15
INFLUÊNCIAS INFERIORES

Os Espíritos inferiores, sendo intrinsecamente maus, onde estiverem produzirão malefícios que afetam as pessoas e os ambientes, assim como uma gota d'água suja tisna a água pura de um vaso.

Mas isso não significa que devemos fugir deles quando a oportunidade se apresentar e não os ajudemos da mesma forma que nós, ainda tão imperfeitos, somos ajudados, paciente e assiduamente, pelos nossos protetores e guias.

Mas de igual forma, nossa ajuda não significa concordância, porque também é verdade que cada um de nós está no lugar que lhe compete.

16
PERSEVERANÇA

Em nossas atividades espirituais, sempre sugerimos aos companheiros a adoção do lema: nem entusiasmos, nem desânimos.

Os entusiasmos, para colaboradores novos, de princípio são sempre intensos, mas, via de regra, arrefecem na luta quando esta é longa, difícil, cheia de altos e baixos e de imprevistos, muitos deles decepcionantes, principalmente quando não há horizontes visíveis e claros a alcançar; a esse entusiasmo sucede sempre o arrefecimento, o cansaço, o desânimo e, por fim, o abandono do trabalho.

O necessário em todos os casos é fixarmos bem as metas a

alcançar e caminhar para elas firmemente, sem desvios, atropelos ou ansiedades, num ritmo invariável de perseverante esforço, sem se deixar influenciar por dificuldades, obstáculos, opiniões de terceiros, mantendo sempre assídua comunhão com os companheiros do Plano Espiritual.

Desta forma, sem a menor dúvida, se atinge a meta e se suprem as tarefas compromissadas.

17
AMOR PRÓPRIO

"Para amar ao próximo segundo a Lei, basta amar menos a si mesmos", diz um respeitável Instrutor.

O orgulho e o amor próprio, reflexos do egoísmo ancestral e do personalismo dominante nos homens, impede quase sempre que o amor potencial, emitido pela centelha divina que somos, exteriorize suas vibrações benéficas e as permute com o exterior.

Sobrepondo-nos a esse predomínio instintivo, daremos campo às manifestações desse amor, que preexiste e é a presença de Deus em nós.

18
TOLERÂNCIA E COMPREENSÃO

"Aquele que jogamos pela porta, entra pela janela," diz um Instrutor.

A miséria do mundo é grande e cada vez maior; se a repudiamos de um lado, ela volta pelo outro e, se, antigamente, o necessitado pedia, implorava, hoje ele exige e agride.

Mas também é verdade que tudo tem o seu lugar certo na comunidade, conquanto diferentes sejam as condições individuais; isso, todavia, não exclui a fraternidade.

O mais certo é não repudiar ninguém, respeitar o próximo

na sua essência espiritual, seja qual for sua condição social e ajudar a todos como for possível, sem desprezo e sentimentos de separação.

Neste particular lembremo-nos também do axioma oriental semelhante que diz: "quanto mais tentamos nos livrar do manto esfarrapado do mendigo, mais ele nos adere às costas."

Ambos os axiomas, como se vê, têm o mesmo sentido espiritual e igualmente induzem à fraternidade que o Evangelho recomenda.

19
ELEMENTOS NEGATIVOS

"Aquele que não faz nem o bem nem o mal, é elemento negativo, diz o Instrutor; quem faz o mal é maléfico, mas não é negativo: cria carma, paga a dívida e se liberta."

O que faz o bem colhe comumente a ingratidão, mas isso é normal entre Espíritos imperfeitos, como somos nós — e por essa razão não nos devemos preocupar nem criticar: ajudar, sim, se pudermos.

Os que não fazem nem o bem nem o mal são como os que ficam à porta, não entram, nem deixam entrar; não fazem nem deixam fazer. Comumente são os egoístas, comodistas, mornos, que não colaboram, não participam, não combatem, são indiferentes, improdutivos, estéreis.

São indivíduos incompatíveis com o Evangelho — que é ação viva, constante, operante, desprendida, no sentido do bem.

20
SER VERDADEIRO

A evangelização pela reforma íntima exige que sejamos desprendidos em relação ao mundo material, e verdadeiros, sem fingimentos; não aparentar o que não somos ou não temos; sermos humildes, sem malícia, sem vaidades, e sempre ativos.

Sem essa reforma não pode haver progresso espiritual apreciável; haverá uma movimentação forçada, fingida, aparente, mas de valor muito relativo: a iniciação espiritual é sempre mais profunda.

Cada um deve mostrar-se como é, conquanto lutando sempre por melhorar. Nada do que queiramos ocultar de mau por interesse, vaidade ou orgulho, deixará de ser conhecido duma forma ou doutra, hoje ou amanhã, como Jesus ensinou.

Todos nossos atos e pensamentos são registrados pela luz etérea e suas conseqüências se voltarão contra nós no momento certo ou a nosso favor, conforme sua natureza e qualidade, para restabelecimento de equilíbrio evolutivo e a correspondente liberação espiritual.

21
REAJUSTES ESPIRITUAIS

"Quando praticamos um mal prejudicamos não só nossa vítima, como também seu protetor espiritual", que é solidário com ela em seus atos, e se, reconhecido o erro, desejamos restabelecer a paz, não basta que nos arrependamos; é necessário reparar o erro, compensar a vítima pelas conseqüências do erro e de seus desdobramentos, obtendo o perdão de tudo, inclusive da parte do protetor espiritual caso, à época do arrependimento, ainda exerça a mesma tarefa, pois com o passar do tempo há sempre mudanças, progressos ou afastamentos.

Enquanto não for feito tudo isso, não evoluiremos livremente, porque ficaremos estacionados nesses pontos negativos.

Ninguém sobe às esferas melhores se não estiver limpo dos erros cometidos e se não houver recebido o perdão daqueles que houver ofendido. "Ninguém poderá encontrar nos seus caminhos aquele que possa desligar o que foi ligado, se não se arrepender, de uma forma ou de outra, e não reparar seus erros". Reparados estes, os desligamentos poderão ser feitos.

22
A LEI DO PERDÃO

No trato com os semelhantes a melhor conduta, a mais sábia e mais lógica, é perdoar sempre, "não ofender ninguém em coisa alguma, conscientemente, sejam quais forem as nossas razões, os nossos direitos".

Nestes casos a reconsideração do erro inconscientemente praticado, ou por força maior, e o pedido de perdão, resolvem o problema, mesmo quando seja negado pelo antagonista, porque aquele que se humilhou, ofereceu a paz e pediu perdão de seus erros, esse se libertará e seguirá seu caminho em paz.

Mas, se for **orgulhoso** e obstinado, permanecerá devedor, na convivência com as inferioridades e sob a influência das maldades adstritas ao caso.

23
CONDUTA EVANGÉLICA

Na reforma íntima, além das conquistas internas quanto a vícios e defeitos morais, é preciso considerar a conduta normal, espontânea e permanente para com todos.

Devemos servir ao próximo desinteressadamente, sem segundas intenções, "fazendo caridade não para nos salvarmos de alguma coisa futuramente, mas para ajudar os outros em seus sofrimentos e necessidades.

Só assim nossa conduta terá valor aos olhos de Deus.

24
AMOR VERDADEIRO

Amar ao próximo como a si mesmo é um ponto alto na evolução de qualquer ser humano. É maturidade espiritual, sinal certo de positiva evangelização.

Não tem valor o amor simplesmente teórico, superficial, aparente, que não agüenta a prova de "sacrificar-se pelo próximo e esquecer desde logo o sacrifício"; tratar com bondade os desafetos e inimigos e esquecer logo o bem que lhes fazemos.

25
SERVIR SEMPRE – I

Se formos prejudicados por alguém, procederemos sempre do mesmo modo: perdoando e esquecendo. No caso de ofensas não revidar, agredindo: defender-se apenas e perdoar o ofensor. **Não foi assim que Jesus ensinou**?

Mas estas são regras acima da inferioridade humana, argumentam muitos. Sim, mas o aprendiz deve cumpri-las como lhe for possível, "pois que se não fossem possíveis o Divino Mestre não as recomendaria".

Para ajudar e orientar o cumprimento desses ensinamentos é que foi criada a Escola de Aprendizes do Evangelho.

E depois que ela surgiu quantos milhares de discípulos não estão lutando para cumpri-los? Dia virá em que recolherão a cento por um, os frutos sazonados desse esforço.

26
EXPANSÃO DO AMOR

Como somos partículas de Deus, o amor de Deus está em nós em caráter potencial, aguardando, dia por dia, sua exteriorização.

Para amar ao próximo basta transferir-lhe esse amor, ajudando essa exteriorização e insistindo até consegui-la.

A Escola de Aprendizes ensina a combater os defeitos e os vícios, desenvolvendo ao mesmo tempo a capacidade interna de amor que, como já foi dito, depende de **amarmos menos a nós**

próprios. Naquilo que amarmos menos a nós, amaremos mais ao próximo.

27
CURA ESPIRITUAL

A reforma íntima, quando feita em profundidade, dá ao discípulo o poder de curar em nome de Deus desde que, todavia, seja positiva sua evangelização estando, além disso, harmonizado com o débito cármico, trazido para esta encarnação. E desde ainda que o doente deseje a cura, tenha fé e merecimento espiritual. Fora disso qualquer melhora será provisória, tendendo a desaparecer porque, sem merecimento próprio, isto é, sem condições adequadas, o benefício é relativo.

Por isso todo trabalho de cura deve ser precedido de esclarecimento espiritual.

28
MALEDICÊNCIA

Uma das condições marcantes da reforma íntima e uma das mais difíceis de cumprir inteiramente, é eliminar a maledicência. Não falar mal de ninguém, sobretudo de ausentes e desafetos.

Para isso é preciso um constante sobreaviso, dia por dia, hora por hora, — "porque o vício de falar mal dos outros é tão arraigado em nós, que o exercemos até inconscientemente".

29
RESGATES

O Espiritismo ensina que ninguém paga culpa que não haja cometido, nem os filhos pagam pelos pais.

Isto é verdadeiro, lógico e justo, mas sem infringência do

enunciado, segundo o qual "as vezes os males que afligem filhos e netos são resgates de culpas que eles mesmos praticaram quando foram pais e avós".

30
VALOR DA PRECE

O melhor meio de obter coisas para si é pedi-las para os outros. Se queremos saúde, peçamos saúde para os doentes ou cuidemos da saúde dos outros, com espírito de caridade fraterna.

Mesmo nos casos de sofrimentos cármicos, de resgate, mesmo assim haverá melhorias, impossíveis de haver em outras condições.

31
DEVER DE OPÇÃO

Como o livre-arbítrio é sagrado, na vida todos temos que escolher o caminho, a posição, a conduta; todos temos que optar, cedo ou tarde, pela verdade ou pelo erro, assumir responsabilidade pelo cumprimento do que foi escolhido e sofrer as conseqüências decorrentes.

Os que optam pelo Bem caminham mais depressa, atingem mais depressa situações espirituais dignas, enobrecedoras; os que se acomodam com a ociosidade, a negligência, a irresponsabilidade espiritual, levam séculos para darem um simples passo na evolução e se fazem comensais da infelicidade.

32
INFLUÊNCIAS DO CORPO FÍSICO

Para aprimorar a reforma íntima é necessário exercer determinado controle sobre o organismo físico para que seu funcionamento não venha impedir as tarefas programadas para o Espírito.

Elevar o teor vibratório, para que haja harmonia, bem-estar e equilíbrio geral, pois que a mente do Espírito encarnado influi poderosamente sobre o metabolismo orgânico; e, no caso de moléstias cármicas ou incuráveis, o equilíbrio e a consciência devem ser mantidos pela mente, para que o Espírito tire proveito da provação.

33
EVANGELHO EM AÇÃO

A base ideal da conduta é amar o próximo ou, no mínimo, adotar a tolerância, como regra geral.

Começar pelos desafetos perdoando, esquecendo agravos, ofensas e orando por eles. Com isso já o aprendiz se coloca em uma posição espiritualmente positiva e elevada. Se nos julgarmos culpados de algo, o pedido direto ou indireto de perdão é indispensável e, em troca, oferece-se amizade desinteressada.

Não guardar queixa do passado, mas melhorar o presente dia por dia, hora por hora, construindo o futuro.

Ante a adversidade, aceitá-la como vier, vivê-la como for possível, sem mágoas ou revoltas, com compreensão e paciência. Esse procedimento abre campo à valiosa cobertura espiritual e assim o lutador se engrandece, pois que a humildade é virtude de primeira grandeza.

Isto é o Evangelho em ação, do que, entretanto, alguns não gostam, porque julgam ser passividade e desvirilização, quando o que ocorre é justamente o contrário: a maior coragem é a dos humildes, que lutam sozinhos, em silêncio, contra si mesmos.

34
PERSONALISMO

Se desprezarmos e fugirmos dos pobres, humildes, desvalidos, como esperar que os benfeitores espirituais venham a nós, e nos ajudem? Como exigir proteção deles? Não somos também necessitados carentes de auxílio?

Como damos, assim recebemos, e as dádivas da misericórdia de Deus são para todos, não havendo privilégios.

35
EXERCÍCIO DA CARIDADE

É dever do aprendiz, como cristão, exercitar a caridade de todas as maneiras, a começar pelos estranhos e pelos infelizes "porque o sopro de Deus está também neles".

Há uma infinidade de regras, conselhos, e métodos para agir certo, mas tudo, afinal, se resume no "amai-vos uns aos outros não querendo para os outros o que não queremos para nós". É indispensável seguir a regra, tornando-a habitual e aumentar pouco a pouco sua amplitude.

Por mais que façamos, sempre ficamos longe do que poderíamos fazer, se nos decidíssemos a isso, principalmente no terreno espiritual.

"Que será mais certo, pergunta o Instrutor: fugir dos maus ou fazer a eles o Bem que se puder, muitas vezes pagando o Mal com o Bem? Fugir das companhias ruins ou ajudar os ruins a se melhorarem?"

É óbvio que não devemos alimentar, ou nos acumpliciarmos com as companhias ruins, mas isso não quer dizer que deixemos de auxiliar aos necessitados quando tenhamos oportunidade para isso.

36
VALOR DO ESCLARECIMENTO

Diz o Instrutor: “Do ponto de vista evangélico, o ruim que esclarecemos sobe até nós e nos empurra para cima.”

Os que ignoram as responsabilidades da vida espiritual, ou negligenciam seu cumprimento por maldade, via de regra são improdutivos nesse campo e só evoluem compulsoriamente.

Se os esclarecermos e impulsioná-los, mostrando-lhes caminhos novos, transformar-se-ão talvez em elementos ativos e espalharão o benefício para outros; nossa interferência permitiu a melhoria e todo trabalhador recebe seu salário. Mas se fugirmos deles, se os maltratarmos, descemos até eles e ainda lhes ficamos devedores, porque o ruim que desprezamos nos empurra para baixo.

37
NÃO SEJAMOS JUÍZES

A caridade que se pode esperar dos poderosos do mundo é tolerarem eles os que lhes estão por baixo, serem benevolentes até um certo ponto. As influências negativas do plano material com as quais se afinam, não lhes permitem fazer mais que isso. Não os julguemos.

Qualquer homem “raspando-se um pouco sua pele no amor próprio, nos interesses materiais e nos preconceitos, logo reage e surge a besta humana, com todas as suas garras, como realidade invariável”.

Somente a evangelização muda o quadro e o ilumina com novas cores: transforma a besta em homem e a este eleva aos anjos. Este é o poder do Cristo.

38
BENS DO MUNDO

"Para as pessoas que conquistaram ou herdaram vultosos bens — a vida terrena é um céu." E como são, via de regra, muito ligados ao mundo material, mesmo que freqüentando igrejas, esse céu lhes basta.

Para eles a Terra não é, como dizemos um mundo de provações e os gozos materiais que o dinheiro compra e as posições facultam, bastam para satisfazer suas aspirações.

É evidente que sua hora ainda não chegou de amadurecimento espiritual, que só se consegue com dúvidas, quedas e angústias, sofrimentos físicos e morais.

Para homens materializados é natural que a matéria lhes seja firme ponto de apoio e o mundo material afim; e não podem eles admitir outra coisa, pois lhes seria isso negar a própria evidência, negar a si mesmos.

Mas quantos deles, nos seus momentos raros de inspiração, de reação do Espírito a esse imobilismo estéril, não anseiam por uma vida mais construtiva e mais bafejada pelo amor e pela fraternidade em Deus?

39
ELEMENTAIS

"O tipo humano é a forma mais evoluída em nosso planeta", salvo diferenciações compreensíveis, em nosso próprio sistema planetário, muito embora as desconheçamos.

No entanto, aqui mesmo, ignoramos a existência dos elementais, miríades de famílias de seres menos evoluídos abaixo de nós — nos reinos animal, vegetal e mineral, cada classe com as formas que lhes são próprias, notadamente os denominados elementais humanos, que representam admiráveis e poderosos potenciais de forças naturais e cósmicas e que realizam seu trabalho anonimamente, obscuramente.

Apesar de seu notável adiantamento intelectual os seres humanos não são assim tão sábios e é necessário que nos desloquemos para além das áreas científicas materialistas, para tomarmos conhecimento desses maravilhosos seres que colaboram na vida universal planetária, fora do alcance de nossa reduzida capacidade visual.

40
CHAVE-MESTRA

Na conquista da verdade espiritual e da ascensão evolutiva, há uma chave que abre todas as portas, aplaina todos os caminhos, suaviza todas as asperezas e brilha "ainda mesmo na noite escura": é a legenda cristã — "ama a teu próximo como a ti mesmo".

Em qualquer ponto da trajetória do Espírito, vá para onde for, proceda como entender, essa condição é para o progresso evolutivo, indispensável e imperativa.

41
PROGRESSÃO DA VIDÊNCIA

A visão de símbolos e de imagens pouco edificantes caracteriza a vidência incipiente mas, com o tempo e o exercitamento e, em havendo purificação permanente de corpo e espírito, ela se tornará clara, completa, objetiva, elevada, conforme o programa encarnativo de quem a possui.

Desta regra excetua-se, naturalmente, a capacidade que já existia antes como conquista pessoal, adiantamento evolutivo natural do Espírito, que sempre apresenta, nas reencarnações sucessivas, condições mais perfeitas de manifestação e de progressão espiritual.

42
NÃO RECLAMAR DAS PROVAS

É bom conselho não fugirmos das dificuldades nem pedirmos o afastamento das provações, porque cresceriam de vulto e mais tarde não suportaríamos seu peso.

O mesmo sucede em relação às doenças cármicas, que devem ser enfrentadas com bom ânimo, como e quando se apresentem, pois, se vieram agora, é porque estavam em nosso calendário de provações de resgate e porque fomos julgados em condições de suportá-las.

O cálice dos resgates é para ser sorvido, não afastado ou lastimado. Para isso peçamos forças e auxílio, que nunca são negados. Quando é insuficiente o auxílio fornecido pelos protetores mais próximos, outros mais poderosos intervirão, levando sempre em conta as conveniências evolutivas individuais e a ação sempre benéfica da Justiça Divina.

43
RECOMPENSAS DE MOMENTO

É um grande erro aceitarmos aplausos, dádivas, recompensas, pelo sempre pouco que fazemos em bem dos semelhantes; nossa colaboração à obra ingente do Divino Mestre no esclarecimento e na consolação aos sofredores que enxameiam à nossa volta, sendo nós um deles, é sempre mínima, ante a imensidão crescente das necessidades.

O que costumamos dar é sempre uma espécie de sobra de mesa e nem sempre o sentimento que acompanha a oferta é de espontânea caridade...

As recompensas que devemos esperar são as do salário do trabalhador, à hora da colheita, na separação do que é joio e do que é trigo...

44
AÇÃO DO LIVRE-ARBÍTRIO

Tudo tem sua hora certa para acontecer e qualquer coisa que se faça para apressar ou retardar os acontecimentos constantes de nosso programa encarnativo, resulta inútil ou em perturbações e males futuros. O livre-arbítrio em certos casos altera ou retarda esses acontecimentos, com desviamentos que geram conseqüências imprevisíveis.

Quando se trata, porém, de beneficiar aos semelhantes, desviando-os do mal, ou ajudando-os a compreender e cumprir as leis de Deus, nosso arbítrio é amplo e não encontra impedimentos.

45
CORAGEM PARA AS PROVAÇÕES

Como a Terra é planeta de expiação e de provas, nascemos aqui justamente para resgatá-las, e assim nos libertarmos de impedimentos e atrasos evolutivos. Esta é a grande verdade que marca os acontecimentos, muito embora, crenças diferentes, teorias, preconceitos e ilusões do mundo material argumentem de forma contrária.

Mesmo quando a ignorância ou o orgulho obscureçam o entendimento, a verdade brilha sempre, de qualquer forma, no tempo devido, sobretudo para aqueles que têm olhos de ver, e alma para sentir.

46
LIBERTAÇÃO DO ESPÍRITO

Fomos encaminhados a este planeta para sofrer as experiências que ele oferece e receber os esclarecimentos de que necessitamos neste ponto de nossa trajetória e, por isso, devemos suportar sem nenhuma queixa o que pesar sobre nós e só pedir auxílio quando o sofrimento ameaçar o equilíbrio orgânico, que nos cumpre manter com os recursos materiais aqui existentes.

O termo das provações virá quando as dívidas estiverem pagas, corpo e espírito modificados para melhor e o coração se abrir para o amor aos semelhantes.

Os sofrimentos de hoje são os alicerces da felicidade espiritual de amanhã.

Segundo Instrutor espiritual: "Chegamos ao fim de nossas penas quando as compreendemos, aceitamos e nos sentimos felizes com elas" — não por serem agradáveis, é claro, mas por serem benéficas.

47
NECESSIDADE DO SOFRIMENTO

"Como o sofrimento é uma necessidade para o Espírito humano nos mundos baixos, Deus o manda a todos, dosado segundo as forças. E ninguém penetra no Reino de Deus sem esse burilamento espiritual."

Este conhecimento é elementar para os espiritualistas em geral, mas não o é para a grande maioria dos homens de hoje, intelectuais saturados de si mesmos, do orgulho da conceituação materialista, na qual a felicidade humana é conquista da inteligência, tanto para o indivíduo como para a coletividade, sem necessidade de crença religiosa.

48
O VULTO DAS NECESSIDADES

Diz o Instrutor: "Quando puderes carregar teu fardo sem dificuldades, te porão às costas outro mais pesado; e quando puderes carregar também o fardo dos outros, o mundo te esmagará."

Como a dizer: o destino dos benfeitores é se sacrificarem pelos necessitados, em todas as circunstâncias.

Esta frase é suscetível de meditação, mas de compreensão bastante simples e puramente evangélica: à medida que vamos aumentando nossa capacidade de compreensão e de amor aos semelhantes, cada vez mais amplo será o campo de nossa colaboração.

E ante a imensa extensão das necessidades humanas, essa cooperação será cada vez mais construtiva, generalizada, universal.

49
CICLO CRISTÃO

Em nosso universo solar ocorrem renovações periódicas de aproximadamente 26.000 anos, que correspondem a 2.160 anos para cada casa do Zodíaco, estruturado na Índia primitiva, pelo patriarca Rama, no início da Quinta Raça, à qual pertencemos.

Segundo determinado cálculo, 2.160 anos é o tempo de cada período cíclico evolutivo da humanidade e estamos nos aproximando do fim do **ciclo cristão**, que contamos desde o nascimento do Divino Mestre, na Palestina.

50
AÇÃO DO SOFRIMENTO

Para os que forem insensíveis e indiferentes ao dever de amar os semelhantes, por estarem ainda dominados pelo instinto do egoísmo e ainda imaturos para essa capacidade, o problema evolutivo se resolve pela presença e ação da dor, do sofrimento que, com o passar do tempo, desgasta as arestas, dulcifica os corações, abre a compreensão e sensibiliza a alma humana.

51
MEDIDA JUSTA

No atendimento a doentes e necessitados em geral, devemos ter sempre em vista que são eles como todos nós, seres humanos imperfeitos, em resgate de dívidas do passado.

Além do tratamento espiritual recomendável, deve-se dar-lhes o conforto da boa vontade e da solicitude pessoal, evitando exigir deles esforços acima de suas possibilidades físicas e morais recusando mesmo colaboração, que ofereçam quando esta, no momento, se evidencia não suscetível de bom proveito.

52
SERVIR SEMPRE – II

"Mesmo que tua vida deva terminar no dia seguinte, lança tua semente à terra."

Esta bela sentença tem muitos corolários na literatura comum, considerando-se a vida no mundo material, em relação a interesses pessoais.

Mas, espiritualmente, o significado é outro: dia por dia, hora por hora, devemos manter ativa nossa colaboração na seara do Divino Mestre, em benefício dos semelhantes, rematando sempre à hora justa, as tarefas que nos são confiadas, porque não sabemos se no dia seguinte estaremos ainda em condições de fazê-lo.

53
DESPRENDIMENTO

"Se fores maltratado, ferido, espezinhado e puderes perdoar e esquecer, então ressurgirás como um clarão nos céus do Senhor."

O Instrutor espiritual, com esta sentença quis mostrar como deve ser o verdadeiro cristão.

Por muito que nos esforcemos em perdoar ofensas dificilmente perdoaremos se formos agredidos, maltratados; isso ultrapassa a condição moral da natureza humana, comum dos habitantes da Terra.

Aquele, todavia, que for maltratado, agredido e ferido e não encontrar em si mesmo nenhum impulso de revide violento, vingança, este realmente já não é mais deste mundo, sendo merecedor de vida em esferas mais perfeitas.

Assim procedem aqueles que se dispõem a provar que o Evangelho de Jesus prepara os homens para procedimentos tão altamente espiritualizados. O cristianismo primitivo é farto desses exemplos e a reforma íntima, como é ensinada nas Escolas de Aprendizes do Evangelho, leva a estes elevados resultados.

54
AÇÃO BENÉFICA DA DOR

"Ama os sofrimentos que te estiverem reservados, porque eles serão a escada pela qual subirás para a luz."

Esse "amar sofrimentos" deve ser entendido na sua significação simbólica ou relativa, porque não se ama o que nos faz sofrer e contrasta com a harmonia e o equilíbrio que devem existir no metabolismo orgânico.

Nos mundos ainda retardados como o nosso, os impulsos da animalidade ainda dominam nos seres humanos e incapazes são as leis do mundo de obrigá-los a mudar seus sentimentos.

Isso cabe aos sofrimentos físicos e morais, num trabalho de polimento, de desgaste, que desbasta as arestas do orgulho, da vaidade, da brutalidade ancestrais, limpando a alma das asperezas que apresenta, pelas forças íntimas da fé e da humildade.

55
TRABALHO E REPOUSO

"Se queres repouso busca o trabalho e este mais tarde te será repouso."

Há hora certa para trabalhar e outra para descansar, tanto material como espiritualmente.

O operário é sempre digno do seu salário; colhe o que semeia e, se puder suprir bem de trigo seu celeiro, certamente que terá pão farto no inverno...

56
MECANIZAÇÃO DA VIDA

A tecnologia aos poucos vai reduzindo e substituindo as atividades do corpo e do Espírito encarnado, impedindo o funcionamento normal de bilhões de células que formam o maravilhoso organismo humano.

Essas atividades vão sendo postas de lado pela automação, pela mecanização da vida humana e o próprio cérebro vai definhando, apagando-se as capacidades de atenção, concentração, raciocínio, análise e julgamento, tornando-se os atos humanos, se nos deixarmos dominar pelo comodismo, produtos automáticos de computadores insensíveis.

Se a isso chegarmos, em pouco tempo o homem será um intruso na sua própria casa, no funcionamento do seu próprio corpo, um autômato mecanizado e de sentimentos embotados.

Como então evoluir, se já não passa pelas experiências indispensáveis da dor, do sofrimento, das decepções, dos erros, e dos acertos, das vitórias e das derrotas, das alegrias e das tristezas, das conquistas, enfim, do coração e da inteligência?

Do ponto de vista da evolução é que devem ser julgadas as conquistas da ciência materialista e não somente do ponto de vista utilitário e material. Mais homens e menos máquinas: esta deve ser a regra da utilização sensata da mecanização do trabalho.

57
APARÊNCIAS

Muitos de nós nos julgamos civilizados, evoluídos, mas, para saber bem o que somos, basta que nos façam coisas que não nos agradam e nos ofendam e logo se desfará a ilusão; a besta humana simplesmente adormecida, ameaçada em seus redutos, contrariada em seus desejos, acorda e reage violentamente. A civilização dá polimento aos homens, mas não os transforma para melhores, ao contrário do que sucede com o Evangelho.

58
FUGINDO AOS TESTEMUNHOS

Lamentavelmente grande é o número de pessoas que, preferindo conhecimentos teóricos, mantêm-se indiferentes, arredios aos esforços de companheiros dedicados e bem inspirados que procuram agrupar, em torno ao Evangelho de Jesus, o maior número possível de adeptos, não por indesejável intuito de proselitismo, mas por idealismo, no sentido de fraternidade humana e para benefício geral.

Isso ocorre em larga escala e poucos são os que atendem aos chamamentos e se submetem às renúncias e aos sacrifícios que a vivência evangélica exige.

Maior mal ainda é praticado por aqueles que, já tendo algum conhecimento sobre a vida espiritual, adotam atitude aleatória e estéril ou dão mau exemplo, abstendo-se de agir e ajudar nesse esforço para o bem comum. **A hora que vivemos exige definições altas**, decisivas, renovadoras e os que se abstêm se condenam a si mesmos.

59
HORA DE OPÇÕES

O conformismo de muitos séculos deve ser agora substituído pela vivência desassombrada do evangelho e não somente por seu conhecimento teórico.

Convém recordar as referências feitas pelo Divino Mestre, reafirmadas no Apocalipse de João, apontando as pessoas que não são frias nem quentes ante os esforços da redenção — **"Por não serdes frio nem quente, por serdes morno, vomitar-te-ei da minha boca", diz o Senhor**.

A Doutrina Espírita é liberal e a ninguém obriga, mas, na consciência de cada um, devem ressoar bem fortes essas palavras do Senhor, clamando por atividades e atitudes abertas, francas e desassombradas, sinceras e espontâneas da vivência evangélica, a única aliás que na realidade conduz os homens, com segurança, pelos caminhos sacrificiais da libertação espiritual.

Além disso, essa atitude de mornez estéril é prejudicial até mesmo à plenitude das realizações do Plano Espiritual na Terra, pelo bem de sua humanidade, sobre a qual todos nós de certa forma influímos por sermos parte dela.

E ainda mais: essa indiferença atinge certamente o coração do próprio Mestre, como um reflexo negativo de eternização dos sofrimentos, suportados por Ele mesmo quando conviveu conosco na Palestina, na tarefa misericordiosa de nos mostrar o verdadeiro caminho que leva ao Seu Reino Eterno.

60
PRODUTOS DIFERENTES

O que é produto da atividade humana no mundo material, resulta sempre difícil, complexo, saturado do mal ambiente, das vibrações negativas das guerras, da violência, da corrupção, dos sentimentos inferiores, dos instintos da animalidade e freqüentemente, de suor e sangue.

Mas, contrariamente, tudo o quanto se refere ao mundo espiritual superior é simples, claro, elevado, edificante: criar, trabalhar, servir, ajudar, sofrer, compreender perdoando e esquecendo e abençoando sempre, pois, que tudo trás em si mesmo, predominante e evidente, o traço luminoso de Deus, que se afina com a alma, com a luz, com a beleza e a eternidade.

Esta é a imagem ideal formada pelos que lutam e caminham mais depressa nos rumos apontados pelo Divino Mestre.

61
OPÇÃO DEFINITIVA

Fomos criados para o Bem.

Usamos corpos que são unidades maravilhosas na estética, na harmonia, no movimento, na resistência; desta forma tudo que vier de fora e atentar contra eles, deve ser elemento negativo, desafim, prejudicial.

Se, como Espíritos que vivemos nesses corpos, transgredirmos as leis naturais, degenerarmo-nos com maldades e impurezas, então nos transformaremos também em unidades negativas e tudo o que vier de fora e nos afetar será afim conosco, provocando vibrações da mesma sintonia destrutiva.

Esforcemo-nos, pois, para nos evangelizarmos, nos mantermos em harmonia sintônica incompatível com o mal, a dor, o sofrimento; aptos a vivermos em mundos onde a luz predomina e não as trevas e onde a beleza, a pureza e o bem-estar são condições naturais de vida.

Mas, para chegarmos a esse ponto e merecermos essa posição, teremos de nos livrar do passado, vivendo um presente construtivo, digno, vibrando em teor elevado, acima da tonalidade baixa da Terra.

A Escola de Aprendizes do Evangelho é auxílio poderoso para essas conquistas do Espírito e visa não só a preparação do aluno para o discipulado de Jesus, as exemplificações evangélicas que devem ser dadas nesta encarnação como, e, conseqüentemente, a formação dos futuros habitantes desses mundos mais perfeitos, onde o Evangelho e a paz serão as leis da vivência.

62
AMAR A SI MESMO

É comum ver-se que amamos a Deus quando tudo vai bem, nada nos falta de essencial à vida; mas blasfemamos, quando a dor se apresenta para apontar erros ou cobrar dívidas antigas não pagas.

Assim, sendo, sentimos as coisas justamente ao contrário do que deveria ser, pois devemos amar a Deus em todas as circunstâncias, acima de todas as coisas e agradecer-lhe os momentos de sofrimento transitório, que são oportunidades de nos libertarmos dos erros para prosseguir mais rapidamente em nossa caminhada evolutiva.

63
MENTE E CORAÇÃO

Mente e coração, isto é, intelecto e sentimento, são pólos diferentes modos diferentes de compreender e de sentir a vida, caminhos paralelos da evolução nos mundos materiais, mas que, quando conjugados, levam à perfeição.

Após as experiências que se fazem e se obtêm através das dores, frustrações e sofrimentos, intelecto e sentimento, finalmente amadurecidos, se unem no campo de um entendimento maior e mais completo, no culto do amor evangélico, estendido a todos os seres, indistintamente.

64
COBERTURA ESPIRITUAL

"Jesus jamais abandona aqueles que a Ele se abandonam." A vivência do Seu Evangelho é a conduta conseqüente dos que lhe são fiéis na integração dos seus ensinamentos e na sua testemunhação.

Mas, nesse esforço sacrificial, nada se obtém de definitivo, se não houver em nosso íntimo sentido positivo de entrega e sólida base de humildade e desprendimento.

65
LUZES E TREVAS

Os aprendizes consideram que todos somos luzes emanadas de Deus, submersas nas trevas da matéria e que devem voltar a brilhar nos céus.

Portanto, não se deve fazer nada com malícia, traiçoeiramente, visando enganar, iludir, "porque na luz não pode haver trevas e tudo o que é feito na luz combate a treva e ilumina nossa rota, onde as trevas dominam".

66
NÃO JULGAR

O conhecer-se a si mesmo, além do mais, serve para nos acostumarmos a não julgar o próximo.

É grande a tolerância dos nossos irmãos espirituais para nossos defeitos, transgressões e reincidências; nossa melhor compreensão dos próprios erros nos assegurará esse auxílio enquanto vivermos, desde que sejamos humildes e tolerantes uns com os outros, sem falsidades ou excessos.

67
ENTRAVES EVOLUTIVOS

Se, inadvertidamente ou não, fizermos algum mal a outrem, enquanto não obtivermos seu perdão não poderemos evoluir, porque a evolução é integral do indivíduo e não de partes dele, em separado. Uma transgressão escraviza tanto quanto uma algema.

Um pequeno parafuso numa máquina poderá impedir que todo o conjunto funcione.

68
VALOR DA SINCERIDADE

Várias e duras são as condições exigidas para nos redimirmos da vida nos planos ainda retardados.

Uma única frase, entretanto, mostra o rumo certo, para o qual não há desvios: "amar o próximo como a si mesmo".

Não teoricamente, mas com sinceridade e realismo; não uma vez ou outra, quando surge uma oportunidade eventual, mas permanentemente, como regra de conduta habitual, a começar do lar.

O amor ao próximo não nos obriga a fazer grandes coisas acima de nossas forças: o amor é sentimento suave que tem força em si mesmo, bastando que haja sinceridade na sua emissão e que façamos aquilo que está em nossas possibilidades. Uma prece com amor vale mais que mil promessas...

69
AGIR SEMPRE PELO BEM

Indispensável ao aprendiz é evitar a maledicência nas suas mais sutis modalidades. Não falar mal de ninguém, mesmo quando isso for justo, porque não devemos julgar ninguém, visto que todos vivemos e agimos dentro das leis preestabelecidas por Deus, que vigem para toda a criação e abrangem também o mal, porque o livre-arbítrio é uma dessas leis.

Precaver-se o mais possível contra a maledicência e não tomar parte em conversações nas quais se fala mal dos outros. Esta abstenção já é por si mesma uma forma disfarçada de amor.

Uma boa regra é, ao tomar qualquer decisão ou criticar qualquer ato, indagar: isto prejudicará outras pessoas?

Esta regra é respeito e consideração pelos outros, uma forma também indireta de amor. E há milhares delas a espera que as apliquemos...

70
APURAÇÃO DE RESPONSABILIDADE

Na vida espiritual as responsabilidades são sempre apuradas; a conta dos débitos é sempre apresentada aos devedores, uma por uma, no tempo devido; e ninguém se livra desta cobrança, nesta ou em outras encarnações.

E quando se comete uma transgressão ela se reflete em nós e também no Plano Espiritual; e para nos libertarmos definitivamente, devemos pagá-la nos dois planos.

As leis de Deus são de curso invariável, e perfeita e eterna é a Sua Justiça. E essa inflexibilidade, a muitos parecendo injusta, resulta em benefício de todos, por sabermos que em qualquer tempo, no caso de errarmos, teremos julgamento justo e perfeito, com o acréscimo da misericórdia divina, sempre presente.

71
DÚVIDAS COMPREENSÍVEIS

Na Escola de Aprendizes do Evangelho, ao termo final da custosa preparação, à hora da conclusão, os servidores defrontam com as seguintes alternativas:

a) ou avançaram firmemente no terreno da luta contra si mesmos; eliminaram vícios e parte dos defeitos morais, com o esforço e boa vontade que foi possível, apresentando-se agora a Jesus com sua alma limpa e tranqüila e seu coração ansioso pelas novas investiduras a receber como discípulos;

b) ou, diferentemente, conseguiram aprovação na conformação dos regulamentos da Escola, mas não alcançaram esse ponto mais alto de autopurificação, apresentando-se com dúvidas e reservas de consciência, por não saberem se podem ou não, devem ou não, arcar com as responsabilidades espirituais de arautos e testemunhadores do Divino Mestre na Terra.

Se as dúvidas existem por minimizarem suas possibilidades, nada impede aos discípulos que venham a tornar-se bons trabalhadores, iniciando a tarefa prudentemente e só se lançarem em definitiva, quando se julgarem fortificados em si mesmos; mas se vacilam por má vontade ou temor de arcar com responsabilidades, isso prova que não têm ainda qualidades para serem discípulos verdadeiros, caso em que devem se abster e recomeçar.

72
O VERDADEIRO DISCÍPULO

O sinal de reconhecimento do verdadeiro discípulo é a confiança própria na elevada condição espiritual da tarefa a desempenhar, como também o cumprimento da legenda cristã de amar ao próximo como a si mesmo.

Essa legenda foi enunciada por Jesus, com o acréscimo seguinte: "pelo muito que vos amardes uns aos outros, conhecerão que sois meus discípulos" — e "se derdes testemunho de Mim entre os vossos, darei testemunho de vós ante Meu Pai que está nos céus".

73
DEVER E IMPESSOALISMO

Na execução do trabalho de dar testemunho dos ensinamentos do Divino Mestre, é essencial que o façamos com amor e espírito de fraternidade.

Mas o importante não é só o resultado mesmo do trabalho, que passa a depender de outras interferências e circunstâncias, mas sim o fato de havermos cumprido as tarefas com sinceridade, humildade e desprendimento.

Desta forma conseguiremos levá-las a bom termo, seguindo firmemente nos rumos que nos foram traçados, sem preocupações outras que sua própria e fiel execução.

74
O DEVER DE COOPERAÇÃO

"O dever do discípulo é cooperar na evangelização."

Nossa colaboração será meritória e sempre crescente, porque dia a dia cresce o número de irmãos nossos necessitados de auxílio e de esclarecimento espiritual.

Determinada a meta e indicado o rumo, só resta ao discípulo seguir por ele sem vacilações ou desvios, até que a tarefa seja cumprida em plenitude.

Este é o trabalho que engrandece e o torna merecedor da confiança do Divino Mestre; o trabalho que constrói e assegura a ascensão espiritual, em espírito e verdade, para o Seu Reino Eterno.

75
O LIVRE-ARBÍTRIO

"É uma outorga de Deus aos homens que evoluem."

O livre-arbítrio, capacidade individual de opção, escolha e decisão, nas mais variadas circunstâncias da vida íntima ou social do Espírito encarnado, é atributo dado por Deus para que o ser humano possa agir por si mesmo, assumindo responsabilidade de seus atos e sofrer, em consciência desperta, os corretivos da Lei Cármica pelos desvios ou transgressões que praticar.

Essa liberdade deve exercer-se com maior amplitude e profundidade no campo das crenças religiosas, independentemente da formação intelectual, dos sentimentos do coração, sem prejuízo, também é evidente, da filiação doutrinária adotada por cada um.

Ao espírita essa liberalidade do livre-arbítrio, além do mais, assegura o resguardo de sua independência pessoal, sem subordinações doutrinárias opressivas e sua liberdade de colaboração, optando pelo que melhor se adeque ao seu estado evolutivo de compreensão e capacidade de realizações.

Nessa colaboração, entretanto, deve respeitar a ordem, a disciplina de trabalho e os regulamentos das organizações doutrinárias às quais se dedique.

Pelo seu livre-arbítrio o aprendiz ingressa na Escola de Aprendizes do Evangelho, persevera, faz-se discípulo e vê-se, então, apto a organizar sua própria colaboração no grandioso trabalho universal de redenção específica pelo amor, pregado e exemplificado por Jesus.

76
AMOR E LUZ

"Amor e luz são elementos vitais que se fundem nas esferas da vida espiritual."

O discípulo de Jesus deve adquirir uma conscientização firme, positiva e inalterável sobre a realidade de serem os homens a luz de Deus evoluindo nos mundos materiais; centelhas vivas, emanadas do Criador, que se fizeram Espíritos, mais ou menos lúcidos e livres, que sofrem na matéria para resgate de erros cometidos em vidas anteriores e que não mais devem repetir-se.

Bem compenetrados desta verdade ficarão eles mais seguros de si mesmos, mais fortes e aptos a arrostar com as dificuldades e os altos e baixos da vida na Terra.

Admitindo a presença do Cristo nos corações, numa integração profunda e permanente, de sentido universal, sem impulsos mesquinhos de personalismo ou orgulho e compenetrados dessas verdades, mais facilmente se libertarão do homem velho construído por si mesmos e que deve evoluir com o tempo para um futuro espiritual grandioso, pacífico e feliz.

77
MATURAÇÃO ESPIRITUAL

"O Espiritismo tem recursos intrínsecos capazes de alterar profundamente a consciência religiosa do homem encarnado."

A Doutrina não alterou o panorama espiritual, o fácies do mundo, pelo menos até a presente data, mas, quem jamais o conseguiu em muitos milênios? No entanto, ela continua a ser um alimento salutar para as almas que desejam evoluir mais rapidamente; e todos que o desejarem, poderão ser saciados, sem compromissos outros que a própria transformação moral, pela reforma íntima.

E assim a tarefa espiritual que a Doutrina trouxe à Terra neste século se cumprirá sem ameaças, violação de consciências ou privilégios de uns sobre outros, porque ela é veículo de conhecimentos libertadores que não podem ser impostos, mas compreendidos, aceitos e assimilados, por aqueles que estão em condições de fazê-lo.

Mas, inútil será antecipar conhecimentos teóricos a Espíritos cuja evolução ainda não se desdobrou no tempo para comportar esse avançamento, não se sensibilizou ainda com o problema milenar da crença em um Deus único, justo e misericordioso, agindo através de leis eternas e universais, porque é diferente e variável entre os homens a capacidade de compreender e aceitar verdades espirituais mais abstratas, mesmo quando se lhes marcam as rotas acertadas, mostram-se-lhes novos horizontes, semeados de belezas etéreas a conquistar pela vivência evangélica e os meios de rasgarem por si mesmos as cortinas espessas do dogmatismo e da superstição, que encobrem as verdades espirituais libertadoras, neste orbe onde vivemos e evoluímos.

Dois fatores importantes, entretanto, influem para despertar-lhes a atenção e colocá-los nos caminhos certos: o tempo e os sofrimentos físicos e morais; agentes poderosos da evolução.

78
OS DRUIDAS

"Os druidas são uma voz do passado falando no presente."

O insigne missionário codificador do Espiritismo Hippolyte Léon Denizard Rivail desde que recebeu a tarefa de codificar a doutrina, cuja súmula lhe foi transmitida do Plano Espiritual por entidades devidamente credenciadas, passou a usar o pseudônimo de Allan Kardec, nome que possuíra em uma encarnação anterior entre os druidas, uma das seitas do povo celta, herdeiro das tradições dos antigos atlantes que se refugiaram, há muito tempo, no continente Hiperbóreo, do qual se constituiu mais tarde a 5ª Raça-Mãe denominada indo-européia, da qual fazem parte os povos do mundo ocidental.

Os druidas habitaram a região da antiga Bretanha e até hoje nessa mesma região sobrevivem vários grupos de seus descendentes, constituindo uma sociedade espiritualista-religiosa, na qual é mantido o culto milenar. A direção do culto é desempenhada, como antes, por sacerdotisas que vivem em claustros, em regime de obediência e castidade, enquanto a direção administrativa geral da sociedade é exercida por um druida maior, a cujo cargo está a execução dos ritos iniciáticos de inclusão de novos aderentes, havendo ainda uma hierarquia não sacerdotal, mas funcional e social.

De suas tradições escritas transcrevemos o trecho seguinte, que se refere aos dias que vivemos hoje:

"Imenso era o saber dos druidas, cujos conhecimentos foram transmitidos em 12 séries, que abrangem o mundo desde sua origem, e ensinam que houve no mundo cinco Raças Mães, em cujo período de decadência nos encontramos. Nossa atual civilização desaparecerá em uma catástrofe, provocada pela loucura de seus filhos, pelo abuso de seu poder sobre a Natureza e esse fim será pela energia nuclear, anunciada na décima segunda série, onde se lê o seguinte: 'Torrentes de fogo e fumaça. Ventos, chuva, fogo e fumaça. Nada resta, nada resta'."

Pelo aqui ligeiramente exposto, se verifica que em todas as correntes de pensamento religioso e iniciático de fundo espiritual que conhecemos, há confirmações sobre tumultos e calamidades nos dias finais deste atual ciclo evolutivo, conhecimento este que, pelo que se vê, vem do passado milenar.

79
PERÍODOS EVOLUTIVOS

"Quatro são os períodos da evolução humana na Terra."

Desde que iniciam sua evolução na Terra as mônadas ficam sujeitas às condições físicas próprias dos períodos seguintes:

1) **Inconsciência**

Mônada adstrita ao reino mineral, sem corpo denso.

2) **Semiconsciência**

Mônada integrada no reino vegetal, formando conjuntos celulares sem individuação.

3) **Vida instintiva**

Mônada integrada no reino animal, com individualização e consciência coletiva, conhecida como alma-grupo.

4) **Consciência individual**

Mônada integrada no reino humano, com individualização, consciência, razão e livre-arbítrio.

Quatro longos períodos ou épocas evolutivas, num prazo de tempo que se mede por centenas de milhões de anos.

80
A VELHICE

"Período incômodo que a vida ameniza com o desprendimento."

A velhice é o período em que as pessoas revelam mais abertamente seus pendores e sentimentos. Já se desprenderam de compromissos com o mundo material e de suas dominações, no qual fizeram o que lhes foi possível.

Nesse período os que eram ruins ficam piores ou revelam o que sempre esconderam e que poderia prejudicá-los; os que eram bons se mostram muito melhores; uns mais doces, outros mais amargos; uns mais serenos, conformados, outros mais inquietos, impacientes, exigentes ou agressivos.

Esta é a época em que mais profundamente se revela o psiquismo individual, como se houvesse uma exacerbação dos atributos que lhe são próprios, uma sublimação de defeitos e virtudes.

81
PENSAMENTO

Não somos pais somente de nossos filhos, nem filhos somente de nossos pais, pois, saindo das limitações e das inibições da vida encarnada, entramos na universalidade, onde todos somos irmãos, filhos do mesmo Pai eterno e indivisível.

82
SENSIBILIDADE DOS VEGETAIS

"As plantas sentem e agradecem os cuidados que lhes dispensamos."

Como todos sabemos, os seres — pessoas, animais, plantas e objetos — possuem e emitem uma aura mais ou menos luminosa, segundo sua própria natureza intrínseca.

As energias dessa aura afetam os seres com os quais fazem contato e são, ao mesmo tempo, um precioso sinal de reconhecimento; e, doutra parte, ocorre que essa aura, pela sua radiação, exerce seus efeitos independentemente de presenças ou distâncias.

As plantas são altamente sensíveis e o demonstram de muitas maneiras, sobretudo no crescimento. Com água magnetizada ou somente com as mãos podemos apressar esse crescimento e exercer sobre elas influências muito variadas.

Da mesma forma, com essa radiação, podemos apressar a cicatrização de feridas e curar algumas doenças superficiais, inclusive no corpo humano.

83
OS CENTROS DE FORÇA

Há no homem encarnado sete chacras principais, ligados ao corpo etéreo, formando uma corrente de vitalidade que corresponde aos sete centros endócrinos do corpo físico: as gônadas, o sacro base, as supra-renais, o timo, a tireóide, a pineal e a pituitária.

Os passes, ou qualquer outra aplicação de cura espiritual terão eficiência muito mais positiva se o operador tiver em vista estes detalhes do metabolismo orgânico.

84
AURA DAS PLANTAS

Nas auras em geral, sobretudo das plantas, existem "pontos nodais", que concentram energias no campo de radiação e podem ser localizados pela vidência ou, até mesmo, por aparelhos eletrônicos de alta sensibilidade.

Esse campo de radiação áurico é tão positivo que as árvores as revelam, transferindo energias às pessoas necessitadas, enfraquecidas, que nelas se encostam, ou junto delas permanecem.

A farmacologia utiliza esse conhecimento para fabricar remédios de inegável poder curativo, observando a natureza das radiações e incluindo sua essência na terapêutica; e os ervanários vendem várias espécies de remédios que provêm de plantas cujas energias curadoras já beneficiavam doentes à simples aproximação deles, como, contrariamente, produzem moléstias, sobretudo de pele.

85
RADIAÇÕES

A ciência materialista já admite a existência de radiações diferentes dos padrões energéticos conhecidos no corpo físico; e a uma destas denomina "corpo-bioplasmático, que é um todo unificado, polarizado, que atua na formação de seus próprios campos eletromagnéticos", e que é o mesmo ao qual o espiritualismo se refere como aura, corpo astral, corpo etéreo, corpo fluídico ou pré-físico, através do qual a vida se comunica ao corpo físico e onde operam efeitos telepáticos; e esse corpo é tornado visível, fotografado, filmado por cientistas que agora se interessam por essas pesquisas em várias nações do mundo.

O que falta dizer é que desde milênios, sobretudo no oriente e, mais notadamente na Ásia Menor e no Egito, esses conhecimentos já eram transmitidos nas iniciações sacerdotais dos templos.

Agora com os meios modernos de comunicação, os

pesquisadores se apresentam como pioneiros de informações, já conhecida desde milênios, popularizados pelo Espiritismo há mais de um século.

Nota: Em 1914, no Rio de Janeiro, o Centro Espírita Redentor publicou um livro no qual eram vistos diferentes objetos e pessoas exibindo em volta a competente aura e oferecendo algumas explicações a respeito, para uso do leitor porventura interessado. Há, portanto, 64 anos que essa informação já estava sendo levado publicamente ao conhecimento dos interessados brasileiros.

86
NADA A TEMER

Não se deve temer os acidentes da vida, porque Deus não nos criou para o sofrimento e a tristeza, valores sempre transitórios, mas para a felicidade eterna no seu reino de luz e de paz.

Somos aqui como alunos duma escola que precisam aprender para serem aprovados e evoluir em mundos melhores, conquanto o aprendizado seja realmente difícil, trabalhoso e muitas vezes doloroso, sem o que, aliás, não pode haver êxito e libertação.

Por isso é que existem altos e baixos na vida, doenças para a autopurificação, desenganos e desilusões, para o desprendimento do mundo material, porque tudo é passageiro, não permanece; e também períodos melhores, para se fazer contatos com a realidade, aurir forças, realimentar esperanças.

Se é assim, porque temer, protestar, blasfemar? Só os ignorantes o fazem, porque não conhecem a verdade nem se esforçam por adquirir sabedoria.

87
LUZ CONTRA AS TREVAS

A Besta Apocalíptica, figura simbólica tão bem definida pelo apóstolo João Evangelista, utiliza nos dias que vivemos, e com a conivência dos homens, forças poderosas, muito embora falíveis, com as quais pretende exercer a dominação do mundo; joga com cartas marcadas a partida final do futuro da humanidade terrena.

O que visa é derrotar os exércitos do Bem, conduzidos pelo Cristo, numa batalha que é a derradeira deste período cósmico que está se encerrando, e é citada com o nome de Armagedon, resumidamente.

Seus trunfos mais evidentes são quatro, como segue:

1) O materialismo científico — faca de dois gumes que, na sua negatividade espiritual, não percebe que jamais atingirá a verdade final, enquanto não aceitar a existência do Espírito como o elemento que anima a matéria e para cuja evolução e grandeza, a própria criação divina foi feita. Goza atualmente de grande prestígio no mundo.

Mal entendido por muitos e piormente vivido pela maioria deslumbrada, esse materialismo retém o homem na animalidade inferior, da qual este tenta, desde muito, libertar-se, no refúgio precário de doutrinas e religiões de exterioridades.

2) O sexo — "Força tremenda que dorme na raiz da vida física", como o definiu um renomado Instrutor espiritual. Atributo transitório da reprodução da espécie, que homens e mulheres endeusam como a expressão mais perfeita do amor mundano, que é desejo e paixão; e por ele desertam os lares, ameaçam a sobrevivência da família, ferem e são feridos, numa luta de impulsividades que levam a miragens, desequilíbrios, desilusões e morte.

3) A inconformação — a evolução, nesta fase precisava das mulheres nos lares, mas sair às ruas, para competir com os homens no comércio, na indústria, nas repartições públicas, nos vícios e até mesmo nos esportes mais violentos, por motivos nem sempre justos, as mulheres concorrem a alimentar o flagelo do desemprego, a confusão e o desconforto social; e esquivando-se à

maternidade — sua própria e essencial finalidade — negam muitas vezes os filhos, ou delegam a mãos estranhas sua educação, carinho e segurança, que somente os lares cristãos bem organizados podem dar.

E, como conseqüência, a juventude mais facilmente se transvia; e, assim sendo, sem que possam imaginá-lo, ajudam a crescer a incredulidade no mundo.

4) A ausência de Deus nas almas — o trunfo mais forte — com a conseqüente ignorância das leis sábias e justas da vida espiritual, superior; os homens insensatamente substituem esse conhecimento pelos prazeres, as comodidades materiais e as licenciosidades da vida livre e irresponsável.

Estes são os aliados das trevas.

Desta forma os exércitos do Mal encontram abertos e acolhedores os campos do mundo e o coração dos homens, para as conquistas que desejam estender e efetivar e que, a esta altura, são já evidentes por si mesmas.

88
FALIBILIDADE

Se não fora, dum lado, a falibilidade intrínseca, a inconsistência e a ilusória aparência do poder das trevas e, do outro, as forças soberanas e benévolas do Bem, sempre presentes, infelizes seriam os homens, nos graus iniciais da escala evolutiva, quando ainda imaturos, não podem se abrir para as luzes da vida maior nos planos etéreos.

As forças do Bem estão sempre ativas, mas nem sempre podem se manifestar e agir nos mundos materiais por falta de acessibilidade da parte dos homens, mergulhados como ainda estão, em grande maioria, nas vibrações pesadas e negativas dos sentimentos inferiores.

89
SIGNOS

O Sol aparentemente move-se através dos 12 signos do Zodíaco na velocidade aproximada de 1 grau para cada 72 anos; através de cada signo de 30 graus, em 2.160 anos; e através de todo o circuito, em 26 mil anos, arredondando.

Jesus nasceu nos albores da era do signo de Piscis e ao fim desta era, o Sol entrará em Aquário, o signo da espiritualidade.

90
TEMPOS FUTUROS

Os efeitos cósmicos do transcurso do milênio se projetarão ainda por mais de um século após o ano 2000, porque os cataclismos a ocorrer, entregarão aos homens da Terra regenerada, um planeta em grande parte destruído e contaminado, exigindo um enorme esforço de reconstrução de mais de um século, para que a vida se normalize e os habitantes possam se entregar a labores mais nobres de harmonia, de amor e de paz.

Para falar mais claro: o transcurso que antecede o Terceiro Milênio se prolongará até o ano 2.160.

91
A MORTE

"O ato da morte, sendo normal, não faz sofrer", a não ser quando o agonizante se agarra ao temor ou à vida material. O que também faz sofrer são as lamentações dos familiares ou, pior ainda, quando por amor a preconceitos, ministram ao agonizante, drogas estimulantes, que determinam terríveis choques anímicos "pois que obrigam os elementos vitais que já estavam se exteriorizando, a permanecer no corpo em tumulto e confusão".

92

O ASSENTO DO SOM

"O ouvido interno possui três canais semicirculares apontados cada um para uma das três dimensões do espaço conhecidas." O ajustamento exato desses três canais permite o desenvolvimento da percepção abstrata ou intuição, tão necessária aos matemáticos, físicos e outras atividades da mente.

Esse ajustamento e mais a natural congênita delicadeza das "fibras de Corti", que ali existem em número aproximado de 10 mil, diferençando 25 modalidades de sons, concorrem a formar ou desenvolver o gênio da música, que revela e interpreta as sonoridades da criação divina, na Terra e nos céus.

93

PROVA PRÁTICA

Um meio prático de conhecer se em uma pessoa existe algum envolvimento espiritual é "levar o paciente ante uma janela ou ante qualquer luz forte: em caso positivo haverá retração ou dilatação da íris".

94

SEMITAS

Entre as sub-raças da Atlântida foi selecionada também a dos semitas, para a formação da Quinta Raça-Mãe — ariana — cujas sete sub-raças são as que atualmente povoam a Terra.

95

FILIAÇÃO MAIOR

No caminho da evolução nada deve deter o aprendiz porque se se deixa subjugar por questões de raça, crença, afetos exteriores ou escrúpulos mundanos, estaciona e se estratifica, esquecendo que o espírito é imortal e divino e que pertence à imensa família universal.

96

CONQUISTAS DO ESPÍRITO

Nos primórdios de sua evolução, os homens desenvolveram veículos de manifestação: primeiramente o corpo vital, depois o de desejos, depois o denso; mais tarde, o setor dos desejos foi uma das bases da religião budista; por fim conquistaram a mente e, com esta, o pensamento e a razão, seguidos logo depois pelo raciocínio, pela lógica e o livre-arbítrio.

Após essas conquistas, nas quais vive agora, o homem desenvolverá o "amor verdadeiro", o espiritual, sentimento altruísta e elevado, o Bem universal passando a ser a preocupação dominante.

Este é o destino da Sexta Raça no próximo Terceiro Milênio cristão.

O Espiritismo no setor religioso prepara os homens, desde já, para essa conquista decisiva da vida espiritual mais perfeita.

97

EVOLUÇÃO DA CONSCIÊNCIA

Do ponto de vista iniciático-religioso os homens passaram por sucessivos e diferentes estágios.

No estado de inconsciência, nos reinos inferiores, mineral, vegetal e animal, receberam auxílio de protetores e guias espirituais que não viam nem sentiam.

Passada a inconsciência — já na Terceira Raça-Mãe, lemuriana, em sua fase final e na inicial da quarta — atlante —, contaram com a presença dos protetores, que viam e sentiam, porque viviam em um estado de semiconsciência e exteriorização.

Na posse da consciência livre — na Atlântida — passaram a reverenciar a um deus invisível a cujas leis obedeciam.

Na época atual vivem no predomínio da consciência plena e da mente intelectual, porém, ainda com a grande falha da inconsciência de sua própria constituição anímica e espiritual.

Somente na Sexta Raça passarão a viver a vida espiritual na base do amor verdadeiro e na consciência de pertencerem todos à grande família universal. Nesse estado mais adiantado do conhecimento evolutivo e duma forma mais positiva, contarão novamente com a presença das entidades espirituais que, sob a direção de Jesus Cristo, dirigirão a vida na Terra.

98
O ANTIESPÍRITO

A criação é um ato de amor representado pela energia que a movimenta e assegura a regularidade da evolução de todos os seres do Infinito.

Quando os Espíritos se votam ao mal, desprezam as leis de Deus, as experiências de séculos e milênios de reencarnações educativas e prosseguem sempre assim, atentando contra a finalidade da própria criação, contaminando a partícula divina de tal forma que esta fica impedida de evoluir, e as mesmas forças que asseguram a imortalidade promovem sua eliminação, com a intervenção das entidades denominadas Espíritos de Poder e de Justiça.

99
ANTICRISTO — Analogia

Termo que se refere às entidades que lutam para destruir a obra de redenção da humanidade, elaborada e dirigida pelo Cristo Planetário.

No Apocalipse de João, o anticristo é apresentado como sendo uma entidade subordinada a Satanás, assim como a Besta.

Analogicamente, podemos dizer que em nossos dias o materialismo, enquanto não evoluir para aceitar como fundamental o Espírito humano, Deus como Criador Universal e Jesus Cristo como o Espírito Planetário redentor da humanidade, ele, o materialismo, será então o anticristo travestido de Besta apocalíptica.

100

CONCEITO DE UNIVERSALIDADE

Sem nada desprezar, o homem deve cumprir os seus compromissos e deveres para com seus semelhantes; mas, reconhecendo seu parentesco com a totalidade do mundo, não deve prender-se a uma só parcela dele, mas ao conjunto geral. Este é o espírito da fraternidade universal.

101

A VOLTA DO CRISTO

O Cristo voltará com a Sexta Raça-Mãe no Terceiro Milênio, "quando existir um número suficiente de homens esclarecidos, cultuadores do amor verdadeiro e libertados de ligações com os espíritos de raça, de nação, de crença ou qualquer particularização que diminua o âmbito do seu próprio destino universal".

102

MORTE E EVOLUÇÃO

"Quantas mais vezes morremos melhor evoluiremos, porque a morte nos proporciona sempre uma nova oportunidade de progresso e ascensão", desde que, bem entendido, estejamos já trilhando com segurança os caminhos da ascensão pelo amor, nos termos do Evangelho de Jesus.

103

PODER ESPIRITUAL

"Quando o homem aprender a empregar a inteligência para o bem da humanidade, adquirirá poderes espirituais sobre a vida, porque, ao mesmo tempo, terá desenvolvido seu animismo a uma escala elevada e construtiva e a guiar-se por um conhecimento inato tão superior ao atual quanto este é superior à consciência animal."

104

LEI DO PROGRESSO

"Na evolução humana progredir é a lei"; o que não é capaz de aperfeiçoamento próprio cristaliza-se, degenera-se, entra em estagnação e morte.

105

DOMINAÇÃO DO "DESEJO"

Mesmo em nossa época, com a grande civilização material que já atingimos, e as conquistas científicas realmente notáveis, o desejo continua a dominar o homem muito mais que o espírito, o que significa que ainda vive em plena materialidade.

106

RELIGIÃO DO FUTURO

O Cristianismo será a religião universal do futuro no Terceiro Milênio, sob a direção de Jesus, e assim a Terra regenerada ascenderá à condição de astro de primeira grandeza moral.

107
REGRAS DE SAÚDE

Regra de boa saúde é comer pouco, somente o necessário e alimentos simples e naturais. O Espírito desvia o sangue do cérebro e de outras partes para concentrá-lo na digestão "e daí a sonolência que muitos sentem após as refeições", quando não há sobriedade.

108
AÇÃO DA MENTE

Na vigília o Espírito desvia o sangue para o cérebro, mas, ao adormecer, o sangue abandona o cérebro, sendo mantido somente o indispensável para a vida vegetativa.

"O Espírito controla o corpo denso pelo sangue, que sempre se desvia para os locais onde o Espírito exerce suas atividades no momento."

O Espírito através da mente controla o corpo denso, que é por ela interpenetrado. Esta é a razão porque a ação da mente é instantânea; quando queremos mover um dedo este, automaticamente, já se moveu.

109
DESENVOLVIMENTO DA VIDÊNCIA

O corpo vital ou etéreo, um dos veículos da manifestação do Espírito encarnado, tem a forma do corpo denso, com o qual entrosa-se firmemente, mas nem sempre foi assim; nos homens da Quarta Raça-Mãe — os atlantes — "a ligação ainda não estava completada e por isso os homens possuíam vidência espontânea"; e hoje, quando isso ocorre com qualquer um de nós, a vidência se manifesta em menor ou maior grau, sobrepondo-se muitas vezes aos sentidos físicos.

Quando há esforços bem conduzidos no desenvolvimento da vidência, o que se tenta fazer é justamente exteriorizar o etéreo naquela parte, desligá-lo até certo ponto, momentaneamente do corpo denso para que a vidência se revele mais facilmente, até que funcione espontaneamente por si mesma.

110

VELOCIDADE DA TERRA

A Terra caminha na sua órbita a razão de 106.194 km. por hora.

111

RAÇAS HUMANAS

Desde quando foi separada do Sol e lançada em trajetória própria, a Terra possuiu 15 raças humanas: uma no final da época lemuriana, quando a constituição orgânica do homem verticalizou-se e completou-se com a aquisição da mente, do cérebro e da laringe; sete na época atlante; sete em nossa atual época: Ariana, Babilônia, Assírio, Caldaica, Persa, Greco-latina, Céltica, Anglo-saxônica, Eslava.

Nesse longo período a humanidade teve auxílio de guias espirituais oriundos de astros mais adiantados, como Vênus, Mercúrio e Capela.

112

RAÇAS-MÃES

Adotando-se esta outra classificação, o número de raças é de 6: a 1ª não encarnada na Terra, os seres ainda sem corpos materiais; a 2ª e a 3ª na Lemúria; a 4ª na Atlântida; a 5ª, a Ariana atual e a 6ª, a que está se formando agora para definir-se melhor no Terceiro Milênio.

Por essa classificação passam a ser sub-raças as constantes do item anterior. Esta é a classificação que preferimos e incluímos na *Iniciação Espírita* em 1950, mostrando porque a 1ª não encarnou.

113
UMA SÓ HUMANIDADE

Nos primórdios de sua evolução a humanidade foi custodiada e ficou sob a influência dos guias denominados Espíritos de Raça, Espíritos de Grupo — Espíritos de Família, que exerceram sobre ela poderosa e profunda influência até o advento de Jesus que, como Espírito Crístico, libertou a humanidade de qualquer influência e integrou-a na Fraternidade Universal tendo em vista não as raças, os agrupamentos mais ou menos numerosos, mas a humanidade como um todo.

114
SEPARAÇÕES RELIGIOSAS

Até a presente data o mundo possuía e ainda possui inúmeras religiões separatistas, todas elas representando passos curtos para o advento da religião universal pregada pelo Cristo, ainda não efetivada, porém, em vias de sê-lo, após o selecionamento cíclico esperado. No Terceiro Milênio cristão haverá uma fraternidade universal na qual a lei cederá lugar ao amor, tendo o Cristo como orientador e Irmão Maior. Seu evangelho contém essa fraternização em potencial, aguardando efetivação dos sublimes ensinamentos que lhe são fundamento e até agora irrealizados, por estarem os homens ainda dominados pelo antagonismo das ambições e pela imaturidade espiritual.

115
PINEAL E PITUITÁRIA

O controle físico do corpo orgânico foi feito primitivamente pelo Espírito encarnado, através da pineal — hoje semi-inativa — e mais tarde através do sistema nervoso, espinhal, que domina os músculos voluntários.

A pituitária foi primitivamente a parceira nesse controle na parte mais diretamente ligada à função vegetativa, possuindo agora atividade específica no conjunto glandular.

116
A IMPORTÂNCIA DO SANGUE

As atividades do Espírito encarnado no campo físico dependem também em grande parte do sangue. Há um axioma iniciático que diz que a alma está no sangue. E segundo algumas correntes doutrinárias respeitáveis, o "átomo-semente do corpo denso situa-se no coração".

Pelo sangue que circula por todo o corpo, alimentando os trilhões de células que o compõem, o coração é um dos mais positivos centros de atividades nas suas ligações com o Espírito.

117
SETORES DE AÇÃO

O Espírito nas primeiras encarnações exerceu suas atividades através de quatro setores distintos e conjugados: **o etéreo**, animado pelo fluido vital; **o do desejo**, onde se situaram a vontade, a ambição, a memória e outros impulsos dinâmicos; **o denso**, veículo mais exterior da manifestação e por fim, **a mente**.

Essas diferentes atividades posteriormente se fundiram na alma, que pode ser consciente, emocional e intelectual e que, no ser evoluído, habita mundos superiores, na fase da angelitude.

118
ATIVIDADES DA MENTE

Pode-se definir a mente como área de atividades, ou um foco de luz sempre aberto, através do qual o Espírito encarnado toma conhecimento e participa de tudo o quanto ocorre no interior e no exterior do corpo denso.

119
TESOUROS DO ESPÍRITO

É comum dizerem os materialistas e os crentes de religiões de exterioridades que "desta vida nada se leva e por isso comamos e bebamos".

Mas a verdade é muito outra: desta vida nada do que é material realmente se pode levar para o Além, mas tudo se leva do quanto valha como aperfeiçoamentos feitos e conquistas obtidas no terreno espiritual. E justamente para isso é que encarnamos desta e de inúmeras outras vezes porque, para a evolução, somente têm valor "os tesouros do Espírito, não da matéria".

120
INSTRUMENTOS DO ESPÍRITO

"Para uma obra perfeita não basta um bom operário; é necessária também uma boa ferramenta."

Para assegurar o bom aproveitamento dos esforços o que se torna indispensável desde logo é preparar, aperfeiçoar os instrumentos de trabalho. Para o Espírito encarnado esses instrumentos foram em primeiro lugar aqueles que compõem sua própria estrutura, a saber: **o corpo etéreo**, **o corpo de desejos** (o astral dos esoteristas), **o corpo denso** e **a mente** (corpo aqui significando natureza da função).

Purificando, afinando ou substituindo esses instrumentos, nos quais pôde trabalhar dia e noite, ininterruptamente, o Espírito ascendeu na escala evolutiva, de cada vez até certo ponto e libertou-se da multiplicidade de veículos de manifestação e de sujeição à vida nos mundos inferiores.

121
ASCENSÕES E QUEDAS

No conhecimento do corpo denso é de interesse distinguir os elementos que interferem na sua conservação e na sua morte. Desde que completa sua constituição física, aos 25 anos, o corpo começa a ser vítima de um processo de endurecimento, de solidificação, lenta, mas progressiva, que atinge todos os órgãos internos, aparelhos, sistemas, tecidos, articulações e os próprios sentidos, que vão sofrendo transformações inapreciáveis no início, porém, progressivamente evidentes, já perceptíveis na idade madura e, em plenitude, na velhice.

Tudo no organismo tende a solidificar-se e uma matéria terrosa vai sendo levada pelo sangue a todas as partes, obliterando artérias e veias, trazendo inúmeras irregularidades funcionais que, em sua fase mais adiantada, conduzem à decrepitude e à morte.

Exames químicos constataram que os depósitos em maior quantidade são de fosfato, carbonato e sulfato de cálcio, elementos químicos do solo que concorrem a formar o corpo, e logo depois, contrariamente, concorrem a destruir seu funcionamento regular.

122
ALIMENTAÇÃO RACIONAL

No processo de solidificação e endurecimento do corpo físico, um dos elementos mais responsáveis é a água e os líquidos em geral que absorvemos, sobretudo pelo carbonato de cálcio, que forma concreções e areia no sangue e daí nos rins, nos vasos em geral e órgãos internos.

Vegetais frescos e frutas maduras, além de leite e laticínios, e líquidos filtrados, são base para regimes de conservação da saúde e da mocidade.

A regra é consumir alimentos que deixem poucos resíduos (cinzas) e ofereçam boa porcentagem de água em suspensão. Consultando tabelas apropriadas de nutricionismo se poderá organizar, segundo conveniências individuais de trabalho, dispêndio de energias, etc., a dieta adequada, com o adequado índice de calorias.

123

CORPO ESPIRITUAL – I

No homem encarnado o corpo espiritual — perispírito — inclui a memória e, portanto, o subconsciente, onde se gravam as imagens de tudo o quanto sucede no interior e no exterior do corpo denso, impressões essas que provocam reações por parte do Espírito e vão ainda influir na sua posição no Espaço, post-mortem. Nesse setor da mente é que se forjam o caráter, o temperamento psíquico, os ideais, as ambições; e deve este setor se sobrepor ao do desejo, "que é o grande tentador da humanidade e, ao mesmo tempo, o poderoso incentivador das ações boas e más".

124

REATIVAÇÃO DA PINEAL

A glândula pineal, desde que educada e despertada de seu aparente letargo, promoverá grandes desenvolvimentos no setor do mediunismo e do conhecimento do mundo interno humano, com a ampliação da vidência, da audição e outras faculdades de lucidez.

125
PREFERÊNCIA VEGETAL

A preferência a dar à alimentação vegetal e frugívora baseia-se, entre outras razões, no fato de que as energias vegetais são mais puras e de mais fácil assimilação; além disso, permanecem no organismo mais tempo, sem exigir muitas refeições; e ainda porque deixam menor carga de resíduos perniciosos que abreviam a vida.

126
RELIGIÃO, CIÊNCIA E ARTE

Nos próximos tempos a religião, a ciência e a arte se darão as mãos, se completarão reciprocamente para garantir ao mundo um aperfeiçoamento harmonioso e seguro, porque são três expressões legítimas e elevadas da própria Divindade Criadora; não a religião discriminadora, exclusivista, sectária e opressiva, mas espiritual e sublime; não a ciência materialista agressiva, arrogante e impiedosa, mas humilde e compreensiva; e não a arte de simples exterioridades e abastardamentos, mas voltada para as belezas e a grandiosidade dos mundos superiores.

Ciência e arte espiritualizadas e religião científica, eis os ideais a atingir em breve.

127
SETORES DE ATIVIDADE

No conhecimento da vida espiritual há dois caminhos bem evidentes a percorrer: o intelectual e o místico; o primeiro utiliza a mente e o último segue preferentemente os impulsos do coração.

O materialismo apoderou-se da iniciação intelectual e transformou-a em um agnosticismo arrogante e exclusivista desviando o homem encarnado dos rumos certos e justos da reverência à Divindade, e os frutos desse erro já estamos colhendo desde já, com a enorme depreciação dos legítimos e verdadeiros valores espirituais.

128
PERDA DE FACULDADES

O robustecimento do intelecto na Atlântida foi conseguido a custa da perda de faculdades psíquicas de lucidez — vidência e audição — e outras qualidades espirituais que os habitantes possuíam espontaneamente, por estar ainda incompleta sua organização psíquica, que determinava excessiva exteriorização perispiritual.

129
QUINTA RAÇA-MÃE

Das sub-raças atlantes, após os afundamentos do continente, que emigraram para o solo europeu e asiático, devemos destacar os semitas que, em sua maior parte constituíram as levas que vieram a formar a Quinta Raça-Mãe na Índia, a ariana, após a invasão desse território, bem como, os mongóis, que formaram as sub-raças amarelas.

130
CONSTITUIÇÃO HUMANA ANTIGA

Somente como cultura esclarecemos o que segue: o esquema clássico da constituição humana era a septenária, ensinada pelos Vedas há centenas de séculos na Índia, donde passou para o Bramanismo e se generalizou no mundo antigo conhecido, Egito, Grécia, Caldéia, com nomenclatura variável.

Exemplo:

Vedas	**Egito**	**Ocidente**
Atma	Ka	Esp. divino
Budhi	Ba	Alma etérea
Manas	Sahu	Alma humana
Kama Rupa	Xaibit	Alma animal
Linga Sarira	Tet	Corpo astral
Prana	Hati	Fluído vital
Rupa	Xu	Corpo físico

131

GRAUS EVOLUTIVOS DO PSIQUISMO

No ponto a que chegou a humanidade atual, rumo ao Terceiro Milênio cristão, o psiquismo humano passou pelos seguintes graus:

Reino Evolutivo	**Veículos de manifestação**	**Grau evolutivo**
Mineral	Corpo vital	Espírito grupo
Vegetal	Corpo etéreo	Espírito grupo
Animal	Corpo etéreo Corpo denso	Alma animal
Humano	Corpo físico Corpo etéreo Corpo do desejo Corpo mental	Alma humana

O termo corpo aqui empregado significa **função**. No Espiritismo a referida classificação somente se modifica com o agrupamento dos quatro corpos sob o nome genérico de perispírito.

132
NO FUTURO

Numa antevisão de progresso e num desdobramento ascensional, podemos formular o seguinte quadro, de alcance futuro e que se aplica em qualquer dos casos aos expoentes humanos do Terceiro Milênio:

Reino Evolutivo	**Veículos de manifestação**	**Grau evolutivo**
Angélico	Corpo mental	Espírito ou alma espiritual

133
GERAÇÃO DA HUMANIDADE

A criação, conforme consta do Velho Testamento, é semelhante à da religião dos Vedas, da Índia antiga, há milhares de anos, que é a versão original, porque nada existe de mais anterior, conhecido.

Moisés adotou essa versão mitológica adaptando-a à mentalidade bárbara do povo hebreu e a incluiu no seu livro "Gênese", por ser muito bela, expressiva e espiritual.

Por essa versão original, a humanidade procede de um casal único criado pela Divindade, no Ceilão, ao sul da Índia, formando-se primeiramente o ser masculino que recebeu o nome de Adima, que significa — **o primeiro homem** — e, em seguida, ao ser feminino, que foi denominado Heva, que significa — **aquela que**

completa a vida; e igualmente como em relação aos animais existentes, que enchiam os prados e as florestas, e deveriam multiplicar-se e povoar o mundo.

Incutiu nos seus corpos virgens as poderosas vibrações do sexo e recomendou-lhes que não se afastassem daquela região para não serem atacados por forças malignas. Mas, instigados por uma entidade espiritual que lhes surgiu à frente, lançaram-se os dois à procura de outro local mais belo e mais cheio de atrativos.

Em conseqüência perderam a possibilidade de viverem em paz, sem conhecer a dor e o esforço do trabalho, tendo Heva a partir daí, necessidade de gerar filhos com sofrimento físico e lutarem pela própria subsistência.

134
ADAPTAÇÃO

Segundo autores, ao escrever seu apocalipse, Moisés tomou esta imagem e adaptou-a à mentalidade israelita e por isso figura até hoje na Bíblia, mas não passa de um mito, porque colide até mesmo com o senso de justiça humana, pois o Criador, na sua sabedoria infinita, não condenaria a humanidade futura pela transgressão de uma só criatura, recém-criada por Ele mesmo, e que agiu pelo instinto natural da busca de uma vida melhor, instinto este que é a base das atividades humanas, sobretudo no campo do trabalho e da ciência.

135
RUMO ERRADO

Os materialistas e os ignorantes da vida espiritual, via de regra pisam firme no chão da Terra, porque estão integrados fundamente no mundo material, que é o seu elemento natural, e somente pelo sofrimento físico ou moral continuado ou irremediável, podem parar e perguntar a si mesmos: "estaremos porventura em caminho errado"?

Esta dúvida é sempre o primeiro pensamento benéfico, a primeira reação segura para a futura mudança de rumo. Pelo acicate da dor, um raio de luz brilha por um momento nas sombras internas e ilumina a mente escurecida, mostrando a verdade.

No mundo atual, tão mergulhado em violências e maldades, quanta escuridão não existe para ser iluminada!

136
RAIOS DE LUZ

Do santuário interno dos Espíritos em provas quantas vezes, para os obstinados, não fulge a luz que nos guia, iluminando as sendas escuras da vida encarnada! E dele, também, quantas vezes flui o amor, doce e quente, que engrandece e santifica para a eternidade, porque Deus é amor!

137
CHAMAMENTO DIVINO

Quantas vezes, nas sombras escuras da Terra, onde curtimos nossas dolorosas provações de resgate, não ouvimos o chamamento amoroso e divino: "Vinde a mim, ó tu que sofres, pois que, em mim encontrarás misericórdia. Meu jugo é suave e leve e imenso o amor que tenho para distribuir às ovelhas do rebanho que o Pai me confiou. Vinde a mim e descansarás dos teus sofrimentos..."

E quantas vezes ouvimos e passamos indiferentes! Até que amadureçamos na dor, o desânimo a se apoderar de nós e compreendemos, finalmente, que não há felicidade na Terra, a não ser para aqueles que se desprendem dela e se voltam para as luzes dos céus, com Jesus!

138

CONFIDÊNCIAS ENTRE MÉDICOS

A — Hoje desanimei com meu paciente; dê o que der, faça o que fizer está sempre piorando. No princípio era um desafio, agora é um fracasso.

B — Deixe que vá assim mesmo e atenda como puder.

A — É o que tenho feito.

B — E a família dele?

A — Está conformada, já compreendeu...

B — Conforme-se também e receba seu salário.

A — Mas ele sofre muito e confia sempre. Anestesiar, no caso dele, é apressar a morte, mas é a ética; se reduzo a dose, falto com a caridade. E não saio disso.

B — Por quê?

A — Porque a ética é humana, mas a caridade é divina.

B — Mas o que te leva a esta filosofia barata? Queres ajudar o paciente a enfrentar a morte?

A — Não; a sofrer a vida.

B — Mais parece um pregador que um médico.

A — Por isso é que há a tradição segundo a qual o médico é, às vezes, também sacerdote.

B — Não existe mais este tipo de médico, você sabe.

A — Por isso é que é a hora da caridade. Cada um está entregue às próprias fraquezas e à própria consciência.

B — Vais então matá-lo mais depressa?

A — Assisti-lo, até o fim, mas sem sofrimento, e sem pagamento. O resto é com Deus.

139
TAREFAS SEMELHANTES

Na Fraternidade dos Discípulos de Jesus o pensamento maior deve ser este: os discípulos de hoje, semelhantemente aos de antigamente, também falam e agem em nome do Divino Mestre e pregam a mesma mensagem redentora de outrora; mas seu esforço só dará bons frutos se forem humildes, sinceros, desprendidos do mundo e capazes de amar como os antigos amavam.

140
ESPIRITUALIZAÇÃO

A espiritualização representa a própria finalidade da existência em qualquer mundo, porque as verdades são universais e a maior de todas é Deus, o criador soberano, invisível e eterno.

141
VALOR DA INICIAÇÃO EVANGÉLICA

O Evangelho de Jesus, na sua essência, é o recurso mais poderoso e seguro para a espiritualização.

A Escola de Aprendizes foi criada para auxiliar essa sublime conquista de quantos emergem das sombras, já tocados pela luz redentora do Cristo e deixam-se penetrar pelo ideal maior de servir a Jesus, servindo aos semelhantes, com desprendimento.

142
VEÍCULOS DE MANIFESTAÇÃO

Ao termo da involução a centelha divina deve iniciar seu retorno às esferas de origem, mas não pode fazê-lo por não possuir organização e veículos de manifestação no mundo exterior.

Descendo até o reino mineral, passa a ser então custodiada por Espíritos-grupo que a auxiliam a iniciar o desenvolvimento de sensações, que se ampliam com o tempo e se aperfeiçoam no reino vegetal, onde já recebe um corpo vital etéreo, passando em seguida ao reino animal, onde desenvolve o instinto que, no reino humano, se aprofunda com inteligência e outros atributos preciosos.

No reino animal a centelha já possui um corpo denso, um corpo etéreo e uma alma animal, sendo ainda, entretanto, dirigida pelo Espírito-grupo. Somente quando penetra no reino humano pode possuir, além do corpo vital e do corpo denso, e, para completar sua organização, uma mente, com seu contingente maravilhoso de vontade, razão, livre-arbítrio e consciência.

143

SIMPLIFICAÇÃO

O Espiritismo simplifica essa organização clássica reunindo no "perispírito" ou alma, os diferentes veículos das atividades psíquicas humanas.

Apresenta o ser como um homem feito, sem referências ao seu passado milionário de experiências da longa evolução anterior através dos reinos da Natureza e apressa sua evolução, porque o tempo cósmico arbitrado à Terra para seu progresso já está se esgotando e o selecionamento cíclico da humanidade está bem próximo.

144

CARÁTER DO ESPIRITISMO

O Espiritismo não é uma doutrina à parte, original e única, porque está ligada a todas as demais existentes.

Quando surgiu, há pouco mais de um século, já encontrou a humanidade trabalhada por milhões de anos de evolução anterior; ele, como doutrina é um remate, uma cúpula, um ponto alto do conhecimento espiritual dado à Terra, como auxílio, numa hora difícil e decisiva.

Como o Evangelho e o Apocalipse, é o porta-voz, o mensageiro do Cristo para a difusão e a testemunhação dos ensinamentos redentores que formarão o caráter da humanidade regenerada do Terceiro Milênio cristão.

145
CANAL DA REVELAÇÃO

O Espiritismo, a restauração em nossos dias do cristianismo primitivo, é o canal mais amplo e fecundo pelo qual descem à Terra, no desvalimento pessoal, na humildade, na obscuridade e no anonimato mediúnico, as dádivas celestes, diretamente do coração do Divino Cordeiro.

146
A LEI DA REENCARNAÇÃO

Uma das mais amplas e seguras garantias de redenção espiritual para os seres humanos é a lei da reencarnação, que obriga o Espírito a evoluir, quer queira quer não. Aquele que não o faz, por si mesmo, terá de fazê-lo sob o látego acirrado do sofrimento e dos resgates dolorosos nos mundos materiais, por força dessa lei inexorável que, aos nossos olhos, representa a justiça divina em plena ação redentora.

147
ALHEAMENTO

O Evangelho caminha no mundo levado por alguns, mas permanece guardado nas estantes empoeiradas, esquecido por milhões. Por isso é que as sombras do mal cobrem a Terra.

148
FORÇAS DO MAL

Junto de nós, encarnados, aqui na crosta planetária, existem muitos Espíritos das trevas exercendo cargos importantes e dispondo de autoridade em muitos setores, onde lutam por tumultuar e comprometer a vida humana.

Basta olhar e ver, ou folhear as páginas da História, para verificar a ação desses Espíritos na política, nas forças armadas, nas indústrias, nas corporações religiosas, a cuja frente desencadeiam morticínios inacreditáveis, visando hegemonias nacionais ou ideológicas, ou insensatos e mortíferos selecionamentos humanos.

149
CONFIRMAÇÃO

Nestes dias mais aproximados do selecionamento cíclico, quando os valores serão apurados e os destinos humanos revelados sem apelação, as forças do mal, por intermédio de suas agências espalhadas em vários pontos da Terra apuram também sua capacidade de produção maléfica, executando planos baseados quase sempre na acolhida que lhes dão os próprios homens afastados das preocupações e das práticas espirituais.

E assim sempre foi desde o princípio e o próprio Divino Mestre o confirmou quando, no jardim de Getsêmani, se dirigiu aos guardas que foram ali para prendê-lo, dizendo-lhes: "é esta a vossa hora, a do poder das trevas".

150
TEMPLOS DA ÍNDIA

Costumamos dizer, referindo-nos ao excessivo número de igrejas de Salvador, na Bahia, que ali existe a possibilidade de se freqüentar uma igreja por dia, durante um ano, sem repetir uma só vez. Para mostrar que somos por demais exigentes, citaremos aqui Benares, a cidade hindu, entre todas a mais respeitada e venerada.

Possui ela 3 mil templos dedicados à religião nacional bramânica, cujo chefe espiritual foi o missionário crístico Krisna e que possui para mais de 400 milhões de adeptos.

151
AS ESFINGES

As esfinges representam seres mitológicos com corpo de animais e cabeças de homens e existem em muitas partes do mundo, inclusive no México e na América Central.

A mais grandiosa de todas e a mais imponente é a do Gisé, perto da cidade do Cairo. É um templo e no seu simbolismo representa a mônada original em trânsito pelos reinos da natureza; tem corpo de leão e cabeça de homem e mede trinta metros de altura.

152
DENTRO DE NÓS

Na vida espiritual as coisas ocorrem dentro de nós e não fora. Tudo é feito por nós mesmos e não por outrem. No campo do espírito e do coração, tudo deve ser sentido e não somente compreendido; e fielmente exteriorizado para benefício dos semelhantes.

A evangelização auxilia esse processo de exteriorização de conhecimentos e de sentimentos, tornando o Espírito apto a projetar de si mesmo o que seja melhor aproveitado pelos seus semelhantes.

Os médiuns, sobretudo, devem esmerar-se nos cuidados dessa exteriorização para que seu concurso seja sempre dinâmico e movimentado no sentido do Bem. Esse é o contributo que oferecemos ao próximo, depois que se queimam as impurezas e as inferioridades, para que não se transmitam falsidades ou enganos, de cujas conseqüências seremos sempre responsabilizados.

153
MUDANÇAS BENÉFICAS

Para se avaliar o quanto a prática da doutrina espírita avançou dentro de meio século até esta data, bastaria lembrar do que era antes e o que é agora.

Ainda em 1940 se utilizavam as mesinhas de três pés, através das quais os Espíritos transmitiam suas respostas ou ensinamentos e em quase todos os bairros da cidade proliferavam as sessões de efeitos físicos, sempre com avultada assistência.

Esta foi a grande tarefa a levar a cabo: estabelecer as bases para a prevalência do Evangelho sobre qualquer outra preocupação de ordem doutrinária.

A luta foi árdua e demorada, e assim prossegue, mas vitoriosa, pois hoje o Evangelho de Jesus tem em nosso país as primícias da atenção nas atividades espirituais, justificando assim parte de sua gloriosa destinação de Pátria do Evangelho.

154
ESPIRITISMO CRISTÃO

O subtítulo cristão é necessário para fixar, de forma clara e positiva, a filiação moral da doutrina ao Cristianismo Primitivo, na qualidade de Terceira Revelação e as reservas que se fazem em relação às alterações introduzidas nos ensinamentos originais; é necessário também para fixar a doutrina na linha das revelações crísticas que se sucederam desde os primórdios da civilização planetária, sendo Jesus considerado, por vários autores credenciados, como a nona encarnação e a última do Cristo planetário neste ciclo cósmico que caminha para seu fim.

155
O SEXO

Uma das maiores preocupações do homem encarnado é a de satisfazer os sentidos físicos, que fazem parte de sua própria constituição física, dentre os quais se sobressai de forma evidente o sexo.

As excessivas atividades deste último setor conduzem a uma forma de loucura, porque esgotam as energias físicas, desarticulam a trama psíquica normal e, de um simples viciamento primário passa a ser uma verdadeira obsessão, visto que os Espíritos inferiores se associam ao homem para, de certa forma, usufruírem dos prazeres que o sexo proporciona.

Pode-se reduzir esse perigo desviando a mente para ocupações absorventes, concentrando nestas as energias básicas que agem no organismo. A energia que se exterioriza na satisfação do desejo é a mesma que alimenta o cérebro e desenvolve sua capacidade criadora.

O pensamento voltado exageradamente para esse setor cria nesse campo imagens mórbidas de natureza negativa, afastadas das realidades construtivas da vida espiritual.

Os que se deixam dominar pelo sexo alimentam os instintos animais, atraem vampiros e produzem uma decaída nas suas prerrogativas espirituais como partícula divina que são e que, a esta altura de sua evolução, já deveriam agir de forma mais perfeita, elevada e construtiva.

156
ESTRELAS

São globos gasosos e incandescentes, como o Sol. Nas noites límpidas podem se contar mais de 3 mil estrelas a olho nu em cada hemisfério da Terra.

Situam-se a enormes distâncias do Sol e são classificadas

segundo o brilho, a cor, o espectro, o diâmetro e a massa, variando de 1 a 6 magnitudes.

Até o ano 1500 da nossa era estes detalhes eram pouco conhecidos, mas, a partir de então, Newton, Galileu, Ticho Brahe, Kepler e Herschel colocaram o assunto mais acertadamente como hoje se apresenta.

157

ESTRELA ALFA

Considerando o nosso sistema, o Sol é sua estrela alfa e situa-se na galáxia Via-Láctea, nome conjunto de sistemas planetários que, com inúmeros outros conjuntos, concorrem a formar um universo.

O número das estrelas existentes em nossa galáxia vai além de 70 milhões.

158

HIERARQUIA DE DIREÇÃO

Assim como há classificação de corpos celestes há também uma hierarquia de entidades espirituais dirigentes que respondem pela regularidade do seu funcionamento. Se um planeta é governado por um Espírito da esfera crística, um sistema planetário será governado por entidade de maior significação e poder e o mesmo sucede em relação a uma galáxia.

159

VIA-LÁCTEA

Esta galáxia compõe-se de um núcleo e 15 mil agregados galácticos, além de aglomerados globulares e estelares variáveis, somando bilhões de estrelas, e sua velocidade de rotação é de 250 quilômetros por segundo.

O Sol, a estrela alfa do nosso sistema, localiza-se a uma distância do núcleo aproximada de 30 mil anos luz e tem com galáxias vizinhas as de nome Cabeleira de Berenice, Ursa Maior, Coroa Boreal e Gêmeos, esta a 270 milhões de anos-luz.

160
DEVER DE AMOR

P.: Qual a razão do poder tão amplo da frase "amar ao próximo como a si mesmo?"

R.: Ela poderia ser simplesmente uma exigência legal destinada a tornar mais suave e pacífica a vida social humana.

P.: Onde está sua extraordinária virtude de ação realizadora?

R.: Está na obediência humana à lei fundamental da criação divina feita por amor e de ser esse sentimento a essência mesma da natureza de Deus; a mesma que qualifica as entidades divinizadas que, como "Cristos" — ungidos de Deus — conduzem humanidades em suas trajetórias evolutivas e se sacrificam por elas todas as vezes que isso se torna necessário.

161
INDISPENSABILIDADE DO SOFRIMENTO

O sofrimento é uma necessidade da evolução humana, porque não há recurso algum reversível e automático de substituição, para combater os defeitos morais próprios dos homens retardados que habitam os mundos baixos.

A dor se sobrepõe ao orgulho, à avareza, à ambição, à impiedade, ao egoísmo, incidindo sobre o homem pelo tempo que for necessário, com a intensidade que for necessária ao desgaste dos impedimentos íntimos que provocam mudanças profundas no teor vibratório, na mentalidade e nos sentimentos da alma, numa tremenda luta que opera no Espírito as transformações morais indispensáveis à melhoria espiritual para a construção de um homem novo, mais evoluído e mais perfeito.

162

A TEORIA DAS MENTES

A mente humana é uma só, mas quando o indivíduo encarna, ela se divide em duas: uma encarnada, sofrendo as experiências inumeráveis da evolução como elemento executivo do livre-arbítrio; outra acompanhando, do plano etéreo, essas atividades, sofrendo também as conseqüências que delas decorrem; uma vivendo as experiências e outra registrando-as no Plano Espiritual, acumulando-as e arquivando-as para oportunos julgamentos.

163

NOSSO SISTEMA PLANETÁRIO

Nosso sistema planetário sofre períodos de revolução cósmica que somam 28.791 anos terrestres e assinalam mudanças que afetam todos os aspectos e campos de atividades humanas e a estrutura dos astros que o compõem. O fim desses períodos, sempre assinalam acontecimentos surpreendentes e fundamentais da vida humana.

Os períodos anteriores assinalaram o afundamento da Atlântida, e a destruição da primeira lua terrestre, alterações na rotação em torno ao eixo e inúmeros outros acontecimentos de efeitos gerais no globo.

"Ao fim do atual período, teremos a visita do astro a que se referem as profecias, planeta gigantesco, pertencente a outro sistema, de nome Hercólobus, que exerceu também influência na destruição da antiga Lemúria."

164
O FIM DAS PROFECIAS

"Pelos documentos encontrados na pirâmide de Queóps, no Egito e pelas predições ali feitas a um grupo de estudiosos espiritualistas, o ano 2001[1] será a data marcada para o encerramento final de todas as profecias."

Pode-se admitir esta afirmação considerando que, ao fim do atual período, tudo que deveria acontecer no mundo já está recebendo seu desfecho, por estarmos chegando aos momentos finais de um ciclo evolutivo, abrindo-se um outro, diferente, denominado de Terceiro Milênio cristão.

165
NUMEROLOGIA SIMBÓLICA

"No Apocalipse de João consta que no drama cósmico do acerto final de contas da humanidade com o Criador, serão salvos 144 mil Espíritos escolhidos nas tribos de Israel, na razão de 12 mil para cada tribo."

É sabido também que nas profecias, os números são também símbolos, que se manipulam selecionando os positivos e eliminando os negativos essenciais.

Assim sendo, somando-se os valores positivos desse número citado 144 mil e suprimindo os zeros negativos, obtém-se o número 9 que, simbolicamente é o número-chave da humanidade. Somando os números 1 e 2 das 12 tribos, encontramos o número 3, considerado sagrado por representar a Trilogia Cósmica — espírito, energia e matéria.

Somando-se o número das tribos — 3 — ao da Trilogia, encontramos o número 6, que é o símbolo da Besta apocalíptica, que representa a soma de todos os erros e maldades da Terra.

[1] O autor nos temas 49, 89 e 90 (pág. 34 e 57) esclarece que o Milênio (caracterizado pela chamada Era de Peixes) vai até o ano 2160. (Nota da Editora)

Multiplicando o 9 da humanidade pelo 6 da Besta, encontramos 54, cujos números somados dão novamente o número 9 da humanidade, significando que esta, por seus erros e corrupções, condena-se a si mesma ao influxo negativo da Besta, para renascer no tempo que for determinado.

O ano 2001[2], fechamento das profecias, dá também como soma o número 3 que, multiplicado pelo 9 da humanidade dá o 27, cujos números somados dão novamente o número 9, dando a entender que as profecias, referindo-se à humanidade, encontram sempre confirmações numerológicas em qualquer das mudanças.

166
GANIMEDES

Ganimedes, satélite de Júpiter, recebeu a incumbência de novamente vir em auxílio da Terra no transe final que já foi iniciado. "O satélite agora deverá salvar aqueles que tenham as brancas vestes do Reino", isto é, àqueles que **ostentem a luminosidade e o colorido das radiações auricas individuais**.

"Estes serão levados provisoriamente para o satélite, onde aguardarão a hora do regresso à Terra, para se reintegrarem em sua humanidade selecionada."

Nesse ano 2001[3] terá começo essa nova era da vida da Terra regenerada na qual descerá, à hora prevista, "a cidade simbólica de Deus" — "A Nova Jerusalém", citada no Apocalipse de João 21:2.

167
FINALIDADES DA ALIANÇA ESPÍRITA EVANGÉLICA

Esta instituição, tendo sido criada para corporificar os

[2] Vide nota na pág. anterior. (Nota da Editora)
[3] Vide nota na pág. anterior. (Nota da Editora)

ensinamentos do Espiritismo no setor religioso e assegurar o funcionamento das Escolas de Aprendizes do Evangelho e da Fraternidade dos Discípulos de Jesus, assumiu ante Jesus o compromisso de dar testemunho de exemplares realizações, mantendo com rigor a pureza do ensino, das práticas, das regras e dos princípios estabelecidos na primitiva Iniciação Espírita de 1950, primando por uma administração fiel e produtiva, sem maiores preocupações com o número de alunos ou de trabalhos, mas visando sobretudo a qualidade e demonstrando assim fidelidade às diretrizes aprovadas pelo Alto naquela época.

168

A REENCARNAÇÃO COMO LEI E COMO FORÇA

Se para os cristãos dogmáticos e sectários a reencarnação não é admitida, em respeito a pontos de vista teológicos milenares e ultrapassados, para os espíritas é verdade de valor fundamental e indiscutível, inclusive por estar contida nos ensinamentos de Jesus, sendo conhecimento pacífico para grande parte dos cristãos primitivos. Está claramente expressa no Novo Testamento, em vários lugares, notadamente no Evangelho de João, 3:1 a 3:1-7 e foi dela que os cristãos tiraram em grande parte a força da fé que lhes permitiu enfrentar nos circos as torturas e a morte, com a coragem e o desprendimento que a história registra e a todos nós edifica.

169

O MANÁ DOS DESERTOS

O maná, alimento que os israelitas receberam durante o longo período de 40 anos nos desertos arábicos e egípcios, sob a condução e a proteção espiritual de Moisés — o missionário crístico — consistia em bolinhas de substância parecida com o pão, e que todas as manhãs cobriam o chão dos acampamentos, dos quais cada pessoa retirava a quantidade de que necessitava.

Mas donde provinha esse socorro alimentício? Segundo informações que têm vindo de instrutotres do espaço, tratava-se de alimento altamente vitaminado, usado em um satélite de Júpiter e que naves espaciais armazenavam em depósitos próprios, acima de nossa atmosfera, em suas estações de pouso, donde diariamente a quantidade necessária era trazida e derramada nos arredores dos acampamentos, em vôos circulares disfarçados sob nuvens de fumaça ou neblina.

Estas informações vêm de um Autor ligado a pessoa que fez estágios de aprendizado em Ganimedes, satélite de Júpiter, habitado por humanidade muito mais adiantada que a nossa.

170

VISITAS A OUTROS ASTROS

Antes mesmo de iniciar sua transcendente missão e quando refugiado em casa de seu tio Jetro, no deserto de Madian, por ter sido exilado por Ramsés II, Moisés, em desdobramentos muitas vezes excessivamente demorados, visitava outros planetas do nosso sistema, dentre os quais o referido satélite Ganimedes, donde procediam os enviados que lhe deram apoio, pouco mais tarde, no longo tempo que levou para encaminhar as hostes israelitas até as fronteiras de Canaã.

Segundo autores, Imhotep, construtor da pirâmide de Queóps; Enoque, Elias e outros Espíritos de alto merecimento gozaram do mesmo privilégio de visitar esse satélite que, mais de uma vez, colocou-se a serviço do Bem na Terra.

171

A TEORIA DOS EGOS

Este é assunto raramente exposto com clareza e acessibilidade. A ele se referem as filosofias, as religiões e o espiritualismo em geral; mas o fazem de passagem, como se estivessem se referindo a assunto de conhecimento comum.

Mas a maior parte dos leitores não se enquadra na categoria dos estudiosos, por vários motivos. Para uns, Ego é o eu; para outros, é a alma; para terceiros é o espírito ou, ainda, a própria personalidade humana.

172
AS DUAS MENTES

Abordamos este assunto unicamente para facilitar a compreensão dos alunos das Escolas de Aprendizes e de outros trabalhadores desejosos de esclarecimentos.

No psiquismo humano existe uma mente menor adequada, desde o nascimento, às experiências evolutivas constantes do programa encarnativo do momento; e uma mente maior que, quando o Espírito encarna, não o acompanha, conquanto também não se desligue dele, permanecendo no Plano Espiritual, onde tudo registra do que acontecer nesse estágio para o ser encarnado.

Ambas fazem parte da estrutura evolutiva do homem encarnado, a menor como se fosse um reflexo da maior, sempre estreitamente ligadas.

173
A MENTE MENOR

Nas encarnações sucessivas, em mundos retardados como a Terra, a mente menor, como já dissemos, é regulada para as atividades da vida semi-animalizada, própria desses mundos porque, se encarnasse com mente mais ampla e mais perfeita, ficaria o Espírito deslocado, impossibilitado de viver, agindo e sentindo de forma diferente dos demais habitantes, passando até mesmo por louco.

Com essa mente menor se acomoda bem na ambiência e pode exercer normalmente suas atividades, aprendendo suas lições, conquistando virtudes, instruindo-se e aperfeiçoando-se moralmente; enquanto que a mente maior limita-se a registrar e arquivar os resultados das experiências da contra-parte encarnada, que nela se refletem como num espelho, mas unicamente no que se refere ao indivíduo.

O mesmo, aliás, não ocorre nas reencarnações? Não nascemos com esquecimento completo do que sucedeu conosco em vidas anteriores, limitação esta que permanece enquanto evoluímos em mundos inferiores?

Isto acontece justamente porque não temos acesso à mente maior, a não ser em ocasiões e circunstâncias muito raras.

A mente menor age na parte das decisões e da execução de atos humanos ditados pelo livre-arbítrio, enquanto que a maior acompanha essas atividades e como tudo é registrado, medido, pesado, sofre como a outra as conseqüências de seus atos.

Porque as leis divinas se exercem em todos os sentidos e em todas as esferas de atividades dos seres criados.

174
A ARCA DA ALIANÇA

Outro fenômeno interessante ligado às atividades dirigentes de Moisés é o da Arca de Aliança, construída sob suas vistas e conforme suas especificações.

A arca era coberta de ouro e na sua estrutura interior havia baterias acumuladoras de energia cósmica empregadas para obtenção de vários efeitos e defesa, cujo conhecimento era privativo de sacerdotes de grau elevado, como era Moisés. Este, aliás, não é o único exemplo que a História registra porque na invasão da Grécia pelos Persas em 480 a.C., o templo de Apolo foi atacado e defendido da mesma forma, emitindo trovões e raios eletrônicos de alto poder destrutivo e permanecendo assim invulnerável.

Quem entrava na arca devia conhecer o segredo: ligava e desligava a corrente, mantendo-se imune até retirar-se. Qualquer inobservância desses conhecimentos secretos levava à morte do intruso, como consta, aliás, do Velho Testamento.

Para poder conduzir aquele povo bárbaro, rebelde e ignorante, eram usadas por Moisés várias medidas de natureza benéfica, mas coercitivas, que permitiam levar sua tarefa a bom termo.

As baterias, conforme informações da mesma procedência já citada no item anterior eram montadas fora da Terra e sua manutenção era também feita por colaboradores de outros orbes, utilizando as naves espaciais, hoje tão sensacionalmente preocupantes.

175
A MENTE UNIVERSAL — O LOGOS

A frase latina "Ego sum qui sum" ou "Eu sou aquele que é", refere-se à Divindade — o Logos, da terminologia filosófica, a entidade total absoluta que está eternamente por trás de todas as coisas criadas, desde o princípio. Não se refere ao homem comum, instável, que ainda evolui, mas ao Criador Absoluto e eterno, invisível e definitivo, do qual o homem é uma partícula exteriorizada, evoluindo nos mundos densos.

Ao termo final das reencarnações, as **mentes menores** se fundem nas **mentes maiores** e estas, quando perfeitas e purificadas, integram-se na mente divina, passando a agir como reflexo desta, participando de seus poderes e sabedoria, na direção dos mundos e de suas humanidades.

À medida, portanto, que os seres evoluem, vão se unificando, integrando-se uns aos outros, visando a unidade universal pelo amor, que é a finalidade da própria criação.

176
CORPO ESPIRITUAL – II

Paulo de Tarso em suas pregações e epístolas referia-se sempre a um corpo espiritual que, no Espiritismo, corresponde ao perispírito e, nas doutrinas esotéricas, aos diferentes corpos que são os veículos de manifestação do Espírito em seus diferentes graus evolutivos.

Referia-se também à purificação do Espírito que, como sabemos, no plano da vida encarnada, se processa através das provações e das experiências evolutivas e no plano espiritual, se prolonga com a vivência em esferas vibratórias afins, em contato com pessoas do mesmo grau evolutivo.

Essa purificação pode ser realizada sem maiores exames pela luminosidade que os corpos espirituais ostentam e que lhe são características.

Por outro lado os Espíritos mais atrasados moralmente apresentam condições orgânicas muito pouco diferentes das existentes na Terra, necessitando ainda de alimentos densos e neles ainda falam alto os vícios, os maus impulsos e os defeitos morais que aqui manifestavam.

Como exemplo dessas diferentes condições físicas, que existem na vida encarnada mas não podem subsistir na vida espiritual, podemos citar o sexo, que ali se apresenta com outros aspectos, não nas formas aqui conhecidas de homem e de mulher, com órgãos físicos especializados. Os espíritos, como ensina o Espiritismo, não têm sexo, isto é, não possuem os órgãos sexuais que aqui temos.

177
O TESTEMUNHO DE PEDRO

Um dos pontos de controvérsia doutrinária do Novo Testamento é este chamado "Testemunho de Pedro", quando Jesus perguntou aos apóstolos o que julgavam d'Ele, respondendo Pedro pelos companheiros o seguinte: "Tu és o Cristo, o filho de Deus vivo."

Tendo Jesus declarado então "que não fora a carne ou o sangue que lhe revelaram isso, mas sim o Pai que está nos céus", ainda acrescentando: "Tu és Cephas — pedra — e sobre esta pedra construirei minha igreja"; com esta declaração esclareceu que Pedro falou por inspiração divina e que a propagação dos seus ensinamentos seria feita com auxílio da revelação, o que de fato veio a acontecer após o sacrifício cruento da cruz e continua acontecendo.

178
INSPIRAÇÃO MEDIÚNICA

O Cristo, o filho de Deus vivo, a pedra angular da construção, autorizou a inspiração direta do Alto sobre seus seguidores para esclarecê-los e orientá-los no sentido de crerem nesses ensinamentos e guardarem sua memória para sempre.

Foi com esse auxílio mediúnico, generalizado no Pentecostes que as igrejas e casas cristãs se fundaram e os apóstolos realizaram a propagação cristã na Palestina e fora dela; e continuou a suceder pelo tempo adiante e veio até quando o Espiritismo foi revelado e transmitido ao mundo por Kardec; e concorre ainda hoje para a sobrevivência das casas espíritas, sobretudo em nosso país.

E Jesus profetizou também sobre o futuro quando disse que "se os homens (os médiuns) não falassem, transmitindo o que do Alto recebiam, as pedras falariam"; como a dizer que os próprios elementos da Natureza participariam dessas manifestações, da soberania de Deus sobre todas as coisas.

E continua a suceder ainda em nossos dias quando a mediunidade explode por toda parte, já estando agora bastante conhecida e generalizada.

179
RELIGIÃO E CIÊNCIA

"Consta da História que a religião católica, durante a longa noite da Idade Média, sufocou a ciência e a arte, em benefício próprio, até que surgisse a Renascença, sob cuja influência floresceram todas as atividades humanas estagnadas e atingisse a Idade Moderna, onde o materialismo científico e o agnosticismo se conjugam para destruir a religiosidade no mundo."

Mas o Espiritismo, como doutrina mais avançada, opõe-se a essa possibilidade negativa, esclarecendo os homens sobre as verdades espirituais legítimas, de forma clara e acessível, como consta do Evangelho redentor, generalizando o conhecimento espiritual e a necessidade do Bem na fraternidade universal "para que a ciência cristianizada colabore para o triunfo da religião científica".

180
CONHECIMENTO INTELECTUAL

"O intelecto, diz o Instrutor, é um grande poder através do qual o homem construiu o mundo que nos rodeia, suas cidades e monumentos, máquinas, estradas, admiráveis meios de comunicação rápida e inúmeros outros benefícios de sentido material."

Mas os conhecimentos intelectuais sobre Deus e sobre o Universo se estagnaram e o que foi realizado não deve ser considerado um fim em si mesmo, transcendendo a matéria porque — "quanto maior for o intelecto, tanto maior será também o perigo de empregá-lo mal".

"Os ensinamentos científicos mais elevados são dados aos homens em determinadas circunstâncias e ocasiões" para que possam crer em seu coração naquilo que sua cabeça sanciona e para que então comecem a viver uma vida religiosa. "Mas em larga escala ocorre justamente o contrário, isto é, seu emprego no sentido do mal e não do bem coletivo".

181
MENSAGEM DE RAZIN PARA DIRIGENTES

"As atividades dos trabalhadores nos grupos integrados contam com o apoio total do Alto e esperamos que obtenham êxito, devendo contudo serem executados com cuidado e amplo sentimento de amor evangélico para que os trabalhadores aprimorem seus sentimentos, intensificando sua reforma moral que é sempre incompleta.

Um ponto importante para todos os trabalhadores do Cristo é vigiar sempre e não permitir que as próprias imperfeições pessoais intervenham nas tarefas, prejudicando-as.

A Aliança já é uma realidade promissora, com tendência a crescer muito no tempo, sendo de esperar que, com o concurso de todos, na futura história do Espiritismo neste país predestinado, seu nome seja inscrito com letras brilhantes.

Isto, como todos podem perceber, aumenta enormemente a responsabilidade de seus dirigentes e responsáveis e por isso também é que enfatizamos de início a segurança do apoio com que podem contar para que o êxito seja de todos e para todos no consenso de universalidade desta doutrina de paz e de amor."

182
NUMEROLOGIA

A numerologia foi elevada à categoria de ciência na antiguidade por Pitágoras, filósofo e matemático grego que a incluiu no currículo da escola iniciática que criou em Crotona, na Grande Grécia, no século sexto a.C.

Foi um dos sábios que visitou o Egito e freqüentou a iniciação secreta, na parte facultada a estrangeiros, no templo de Saís, o mesmo onde também estagiaram Sólon, Platão e outros personagens ilustres daquele país.

No tema 165 pode-se ver um exemplo da utilização da numerologia, que oferece aspectos curiosos em inúmeros casos e circunstâncias do setor espiritual velado pela simbologia.

183

DESDOBRAMENTOS

No campo dos desdobramentos há muita coisa que deve servir de meditação para estudiosos da Doutrina Espírita.

Como todos sabemos, o termo desdobramento, já por si mesmo bem expressivo, refere-se ao fenômeno da exteriorização do perispírito, por tempo indeterminado de início, porque fica dependendo de várias circunstâncias ocasionais no mundo etéreo.

No sono nos desdobramos diariamente. Quando um médium se concentra e se desdobra, o mesmo fenômeno de exteriorização ocorre; mas qual a diferença?

Quando um Espírito desencarnado age sobre um médium e este se desdobra, qual a diferença?

E assim por diante, havendo sempre campo para novas descobertas e indagações.

184

HORA DE MORRER

Quando encarna, o Espírito se submete a um calendário, um tempo determinado para viver, segundo conveniências evolutivas, individuais, ou coletivas, quando deve realizar tarefas nesses campos.

Não há um dia certo ou uma hora certa para morrer, mas

um período determinado. Esgotado o programa encarnativo e o tempo prefixado, o indivíduo está pronto para desencarnar a qualquer momento, por qualquer moléstia ou acidente, dentro do programa referido que, obviamente, considera também as sujeições cármicas.

Mas se tem tarefas a desempenhar no campo coletivo e as está desempenhando a contento, o tempo da morte é condicionado às conveniências também coletivas, ocorrendo então as prorrogações.

185
OS RIGORES DAS TAREFAS

Quando o Espírito encarna com tarefas a desempenhar no campo coletivo é porque foi consultado e aceitou, foi julgado em condições para o desempenho, ou solicitou as tarefas muitas vezes superestimando-se, por boa vontade ou entusiasmo de momento. Nestes casos as tarefas são intransferíveis, a não ser que o titular:

1) fique impossibilitado de executá-las;

2) desista de sua execução;

3) fracasse na execução.

No primeiro caso resta saber se a impossibilidade foi provocada por ele mesmo, caso em que fica responsável.

No segundo, deve justificar os motivos da desistência, que podem ser aceitos ou recusados.

No terceiro, será apurada a razão ou razões do fracasso, sendo sua a responsabilidade pela negligência, porque o apoio do Alto nunca falta, desde que solicitado em tempo hábil.

Toda tarefa espiritual envolve sacrifício, exige desprendimento, perseverança e fé, virtudes estas que, se não existem, devem ser buscadas ou supridas, no mínimo, pela boa vontade e a humildade, virtudes que em qualquer situação extrema, desencadeiam a misericórdia divina.

186
IRRECORRIBILIDADE

As tarefas são intransferíveis pelo próprio responsável porque, antes que sejam atribuídas, todas as circunstâncias e conveniências, favoráveis e contrárias, são estudadas e ponderadas nas esferas responsáveis, considerados: 1) o indivíduo que vai executá-las; 2) o ambiente em que vai atuar e 3) as dificuldades a enfrentar e o auxílio a ser-lhe dado para que obtenha êxito.

Depois que as recebe o titular não pode transferi-las ou fugir à sua execução nos limites traçados e finalidades determinadas e responderá por elas após seu regresso ao Plano Espiritual.

187
AUTORIDADE PARA ATRIBUIR TAREFAS

Segundo sua natureza, importância, urgência e conseqüências na vida da coletividade, as tarefas são dadas por entidades espirituais de maior ou menor hierarquia.

Uma tarefa que não ultrapassa o ambiente familiar, por exemplo, pode ser atribuída por um Espírito orientador e protetor da vida coletiva desse pequeno agrupamento.

Uma outra, de âmbito nacional, referente a uma nação ou um povo, é atribuída por entidade protetora e responsável pelo destino dessa nação ou povo, como é lógico.

E assim por diante, havendo sempre um responsável menor subordinado a uma autoridade espiritual mais alta, a quem presta contas.

188
RELACIONAMENTO HUMANO

Uma das exigências da exemplificação evangélica é tratar a todos com respeito, delicadeza e compreensão e jamais usar de violência, impiedade e arrogância, mesmo quando se possua em mãos uma grande soma de poder ou autoridade.

A benevolência e a humildade são fatores indispensáveis no trato com os nossos semelhantes, asseguradores de cobertura espiritual, auxílio poderoso para lutar e vencer as dificuldades inevitáveis, porque os valores materiais do mundo não servem para vencer os seus enganos.

O misticismo bem entendido é uma força positiva de aproximação e ressonância do Bem imanente, que permite viver e espiritualmente progredir sem emprego dos recursos negativos próprios do plano material inferior e dos homens retardados.

189
ENTRE O CÉU E A TERRA

Diz um Instrutor respeitável que "atualmente nos encontramos no ponto mais árduo da senda evolutiva; o da luta tenaz contra as atrações humanas e as exigências divinas. Entre aquilo que representa o descanso enganoso do mundo e o esforço constante e improdutivo ante os olhos materiais, porém valioso ante os olhos divinos: o trabalho nas sendas do espírito imortal".

Realmente vivemos a hora das grandes decisões entre os mundos material e espiritual, com todo o cortejo de conseqüências boas ou más para nosso futuro espiritual.

Mas as hostes espíritas não vacilam porque sabem que o roteiro iluminado pelas luzes do Evangelho redentor é o rumo certo que leva diretamente ao coração d'Aquele que é o Caminho, a Verdade e a Vida.

Sigamos por ele e não haverá perda de tempo e arrependimentos tardios.

ÍNDICE REMISSIVO

Na Semeadura I
Na Semeadura II
Lendo e Aprendendo (Na Semeadura III)

Nomenclatura para acompanhar este índice remissivo:

NS1 = Na Semeadura I
NS2 = Na Semeadura II
LeA = Lendo e Aprendendo (Na Semeadura III)

Obras de Edgard Armond (en portugués):

Alerta aos Médiuns - Coordenação
Alguns Aspectos da Vida em Júpiter
Almas Afins
Amor e Justiça
Apocalipse de João (O)[1]
Aprendizes (Aos)
Aprendizes do Evangelho (Para os)
Caminhos do Espírito
Comentando Pensamentos Construtivos
Comentários Esotéricos
Comentários Evangélicos
Como Ensinar Religião às Crianças - Colaboração
Considerações sobre o Apocalipse de João[1]
Contos Espiritualistas
Contribuições ao Estudo da Mediunidade[4]
Cortina do Tempo (Na)
Cromoterapia
Curas Espirituais
Demonologia
Desenvolvimento Mediúnico
Dias Finais (Os)[1]
Difundindo o Evangelho[1]
Discípulos de Jesus (Aos)
Dupla Personalidade (A) = O Estranho Caso de Rose Ramires
Enquanto é Tempo
Épocas de Transição[1]
Espiritismo (O que é)
Espiritismo e a Próxima Renovação (O)
Espiritismo e Comunismo
Espiritismo e Esoterismo
Espiritismo e o Divórcio (O)
Espiritismo, Religião Redentora
Estudos e Temas = fascículo IX de "Iniciação Espírita"
Exilados da Capela (Os)
Falando ao Coração
Fraternidades do Espaço[3]
Guia do Aprendiz
Guia do Discípulo
Histórico dos Trabalhos de Curas Espirituais na FEESP
Hora do Apocalipse[1]
Iniciação Espírita - Coordenação
Lendo e Aprendendo
Libertação Espiritual
Livre Arbítrio (O)
Margens do Rio Sagrado (Às)
Mediunidade
Mediunidade Prática[5]
Mediunidade de Prova
Mediunidade Tarefa
Mensagens
Mensagens e Instruções
Missão Social dos Médiuns[4]
Normas Básicas para Orientação Espírita
Novos Processos de Intercâmbio e Aperferfeiçoamento p/ Curas Espirituais
Passes e Radiações
Pensamentos em Prosa e Verso
Prevalência do Espiritismo Religioso[2]
Psiquismo
Questão do Divórcio (A)
Redentor (O)
Relembrando o Passado
Religião Redentora
Religiões e Filosofias[2]
Respondendo e Esclarecendo
Salmos
Salmos - opúsculo
Seara do Evangelho (Na)
Semeadura I (Na)
Semeadura II (Na)
Separações Conjugais à Luz do Espiritismo
Tiradentes Missionário
Trabalhos Práticos de Espiritismo
Valor das Mensagens (O)
Verdades e Conceitos I
Verdades e Conceitos II
Verdades e Conceitos - opúsculo
Vida de Jesus (A)
Vivência do Espiritismo Religioso

[1] Agrupados sobre o título *A Hora do Apocalipse.*
[2] O texto Prevalência do Espiritismo Religioso foi incluído pelo autor na obra Religiões e Filosofias.
[3] Incluido em Vivência do Espiritismo Religioso.
[4] Incluido em Mediunidade.
[5] Obra ampliada e atualizada pelo autor, recebendo o título de *Desenvolvimento Mediúnico.*

Atenção! A Editora Aliança está à procura das seguintes obras e opúsculos, ainda não localizados, escrito por Edgard Armond:

Caminhos do Espiritismo
Comentários Esotéricos (Publicado em 1926)
Discípulos de Jesus (Para os)
História dos Trabalhos de Assistência Social
Histórico dos Trabalhos de Assistência Social
Histórico dos Trabalhos Práticos
Normas Básicas para Orientação do Espiritismo
Novos Processos de Intercâmbio Espiritual
Relembrando Conhecimentos

Quem os encontrar, qualquer dos exemplares acima, pedimos a gentileza de entrar em contato com a Editora.

Os Temas Doutrinários e Mediúnicos

Respostas a centenas de questionamentos sobre Doutrina Espírita.

Temas doutrinários abordados com objetividade e clareza. (Livros I e II)

Pontos essenciais da Doutrina dos Espíritos.

Importantes mensagens e instruções do Cmte. aos trabalhadores espíritas.

Mais temas doutrinários, com índice remissivo de Semeadura I e II.

Estudo comparado entre as religiões e filosofias de ontem e de hoje.

Casos diversos vividos em 35 anos de experiências doutrinárias.

O ideal de Aliança em importantes resoluções históricas. (Livros I e II)

TEORIA E PRÁTICA do PASSE e da MEDIUNIDADE

Livro básico sobre os fundamentos e utilização do Passe.

agora também em vídeo.
(roteiro de estudos sobre o livro)

Livro básico sobre o desenvolvimento e utilização da Mediunidade.

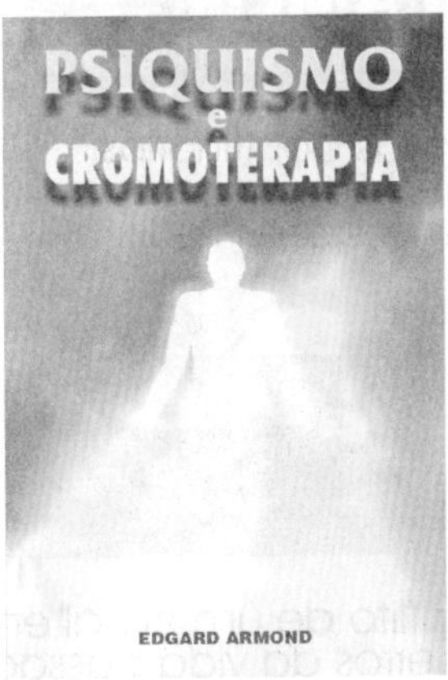

O funcionamento da mente e suas repercusões espirituais. As cores e a aura.

Um roteiro perfeito para o bom funcionamento da mediunidade.

Adquira já o livro de seu interesse!

Os Romances

Estudo de um caso de regressão de vidas passadas.

A Índia como um cenário de evolução espiritual.

Conflito de um casal entre os erros da vida passada e o momento atual.